Robert de Laroche

Il y a un siècle...

le chat

Collection :
Isabelle Rousseau

ÉDITIONS OUEST-FRANCE

INTRODUCTION

L'homme a fait bien peu de cas de l'animal, à travers l'Histoire. Nous ne le savons que trop, à une époque où tant d'espèces sauvages appartiennent déjà au passé, par notre faute. Pourtant, l'histoire de l'homme est intimement liée à celle de l'animal, pour le meilleur et pour le pire, et le respect de l'homme passe par celui de tout ce qui compose la nature.

Le chat domestique est entré dans notre vie quotidienne plus tard que le chien, mais, avec une fascination qui lui est si particulière, il a réussi à ce que les projecteurs se tournent vers lui dès ses premiers pas au sein de la civilisation. À peine était-il arrivé en Égypte qu'on le considérait comme un dieu. Cela commençait bien ! La Grèce et Rome ne le dédaignèrent pas, loin de là, et il commençait à faire son chemin en Europe quand le scénario tourna mal ; une divinité païenne ne pouvait s'entendre avec le christianisme dont l'influence prédominait alors.

Le chat fit de la résistance, connut la terreur, les massacres, le bûcher, l'incompréhension. Il fallut l'influence des moines irlandais et, plus tard, celle de l'esprit de la Renaissance – merci, Du Bellay – pour que commence sa lente réhabilitation. C'était chose faite au XVIIIe siècle. Le siècle des Lumières, puis celui du romantisme redressèrent son piédestal brisé. La divinité païenne redevint animal utilitaire, puis muse des arts et des lettres. Il ne lui restait plus qu'à connaître de manière spectaculaire le destin d'animal de compagnie. Ce fut son parcours à travers la fin du XIXe siècle et pendant le XXe siècle tout entier. Parcours sans faute : en ce début de XXIe siècle, le chat a raflé au chien le statut d'animal favori des Français. Serait-il devenu, à l'instar de son supposé rival, « le meilleur ami de l'homme » ?

De gauche à droite : Bronze de Vienne (4,3 cm, fabriqué par l'atelier Bermann), cendrier en bronze doré et carte postale aux yeux de perle : de l'objet de collection au bibelot kitsch, le chat est omniprésent.

On peut se lamenter de posséder si peu de témoignages sur le culte du chat en Égypte. Dieu merci, Hérodote nous éclaira, tout comme plusieurs philosophes et naturalistes grecs et latins. Puis, c'est le silence, et l'obscurité du Moyen Âge. Le chat, heureusement, s'est bien rattrapé, et sa bibliographie, de nos jours, est imposante. Et puis il y a ces précieux témoignages visuels que sont les photographies. Qui ne passe pas de longs moments, à notre époque, appareil de photo ou caméscope au poing, à immortaliser ses compagnons ? Les cartes postales photographiques sont devenues rares, de nos jours, parce que chacun peut prendre une foule de clichés de ses propres chats. Mais quel trésor nous livre le passé ! Les clichés que vous allez admirer vous feront sourire et rêver. Ils vous étonneront, provoqueront votre émotion, éveilleront des souvenirs enfouis. Ils sont révélateurs d'une mentalité particulière, d'un temps où l'on se plaisait à humaniser peut-être à l'excès les animaux de compagnie. Mais ne sommes-nous pas toutes et tous complices de cet anthropomorphisme ? À partir du moment où un chat entre dans notre famille, vit sous notre toit, il fait partie de notre vie et en devient l'un des acteurs. Peut-on alors se contenter de lui faire jouer le rôle d'une « bête », quand nos relations avec lui sont si chargées d'affection ? Cela me semble difficile et stupide ! Chacun sait par expérience que plus nous impliquons les chats dans nos activités, plus ils sont éveillés et plus enrichissants les moments que nous partageons avec eux. « À fréquenter le chat, on ne risque que de s'enrichir », écrivait Colette dans *Les Vrilles de la vigne*. Comme elle avait raison ! Et comme la vie serait terne sans la présence stimulante, drôle, tendre, imprévue, mystérieuse et tranquillisante des chats…

Laissez-vous emporter par ce tourbillon d'images, qui renvoient à des pages entières de l'histoire du chat. La grande et la petite. Celle des chats divins et des chats paysans. Celle des chats traqués et des chats aimés. Des vedettes et des anonymes. Le meilleur et le pire, disais-je. Mais il me semble qu'en fin de compte, s'il ne faut jamais perdre la mémoire des jours difficiles, de peur qu'ils ne reviennent, c'est l'amour qui domine. Le regard ému et fasciné que nous portons sur les chats, qui ne cessent de nous étonner, de stimuler notre imagination, notre soif d'affection. Comment en serait-il autrement, à l'égard d'un animal qui, plus que tout autre, incarne la beauté sur terre…

Un original vide-poches en régule.

Bonne année !

Mon cher Pompon,

Depuis quelque temps, je vois circuler chez moi un nombre incroyable de ce que les humains appellent des cartes postales. Mon greffier personnel, penché devant cette machine à écran sur laquelle s'impriment des caractères magiques dont je me suis laissé dire qu'ils avaient un sens, ne cesse de les regarder. Je l'entends rire, parler tout seul, s'exclamer, lever les bras au ciel, à tel point que je me suis demandé ce qu'il pouvait manigancer et s'il avait bien toute sa tête.

Pour souhaiter la bonne année, les chatons s'imposent !

Tu sais que nous, les chats, sommes curieux de nature. Je me suis donc glissé dans son bureau, une pièce que j'aime bien parce qu'il y a des piles de livres contre lesquels je peux me frotter et des coins tranquilles où dormir, et j'ai donc trouvé mon humain de compagnie en train d'écrire, ces fameuses cartes à portée de la main. Il ne cessait de répéter des dates. « 1900 ! Déjà un siècle… » Mon ami s'est aperçu de ma présence, et il m'a aussitôt pris pour témoin.

– Regarde, Toto, rien que des photos de chats. Des matous et des minettes qui ont vécu il y a cent

ans, que des gens ont aimés, admirés, cajolés. C'est émouvant de les retrouver là, tous, dans les situations les plus diverses. Un peu comme si une partie d'eux-mêmes avait survécu jusqu'à nous. Ils semblent avoir envie que l'on parle d'eux, que l'on raconte leur histoire. Cent ans ! Tu te rends compte, mon petit Toto ? Où serons-nous dans un siècle ?

Le petit Toto – ton serviteur, mon bon Pompon – a hoché poliment la tête face à ce délire verbal, puis il a repris le chemin du jardin, pour faire un tour de ronde des mulots, tout en se demandant où pouvaient bien habiter ces chats de cent ans. Ils doivent bien être quelque part. Qu'est-ce que ça veut dire, au juste, un siècle ? Nous, les chats, vivons dans l'instant. Seul compte pour nous le bonheur du moment présent, l'excitation de la situation qui se déroule sous nos yeux. Alors j'ai décidé, cher Mistigri, de te faire passer ce message. Ne me demande pas comment je m'y suis pris, mais comme je suis très doué pour imiter l'écrivain maison, j'espère qu'il en restera une trace sur le papier. Je voulais te demander tant de choses : comment vivent les chats de 1900 ? Est-ce qu'ils connaissent la nourriture en boîtes ? Voyagent-ils en voiture ? Sont-ils protégés par des vaccins ? Considérés comme des membres à part entière de la famille ? Je me le demande… Si tu pouvais me répondre, j'en serais ravi, car ces cartes postales m'intriguent au plus haut point. On dirait que vous ne connaissez pas la couleur, en 1900, car je constate que toutes ces cartes sont coloriées à l'impression ! Moi, quand la presse se déplace pour venir me tirer le portrait, le subtil dégradé noir et blanc de ma fourrure et la coquetterie de mes moustaches blanches sont parfaitement rendus, et comblent mes admiratrices.

Le petit déjeuner anglais revu et corrigé…

Je le dis sans orgueil déplacé, mais si on ne célèbre pas soi-même ses atouts, veux-tu me dire qui en fera l'éloge ? Si je dois compter sur mon greffier, je peux toujours attendre…

Puisque je vois que toi et tes amis avez posé pour des photographies fêtant la nouvelle année, je tenais moi aussi à te tendre une patte amicale à travers ce siècle – même si j'ignore totalement ce que ce mot peut bien vouloir dire ! J'ai cru comprendre que j'étais un chat du XXIe siècle, quoique né dans le précédent. Donc, ces choses-là ont l'air de passer très vite ; tu ne dois pas être bien loin de moi. Pompon, c'est amusant de te parler comme si tu étais caché dans une pièce voisine, ou derrière un des arbres du jardin. Je te regarde, sur une des cartes que mon écrivain a laissé traîner sur le bureau, et j'ai l'impression de te connaître depuis longtemps. Je ne serais pas plus surpris que ça de te voir surgir au détour d'un sentier du jardin, pour venir me saluer. L'endroit te plairait. Il y a de grands tilleuls, des massifs de fleurs, le gibier abonde, de même que les coins tranquilles pour faire la sieste. Essaie vraiment de venir me retrouver en Normandie si tu peux.

Avant d'expédier mon courrier à travers la machine qui fait des bruits étranges, semblables aux cris d'agonie d'une souris enrouée (mon humain appelle ça Internet), je voudrais quand même te poser une question un peu indiscrète. Surtout, ne va pas te vexer de ma franchise. Mais comment se fait-il que vous, les chats de 1900, ayez l'air d'apprécier à ce point le fait de vous montrer déguisés, dans des situations que j'oserais qualifier… d'humaines ! Je peux t'avouer que si l'on essaie de me faire jouer un

Des roses, du houx, des chats : que de présages de bonheur !

personnage qui ne me plaît pas, je retrouve l'usage de mes griffes et de mes crocs. Mais vous ? Cela vous amuse donc de parader ainsi ? Vous ne savez donc pas qu'une Déclaration universelle des droits de l'animal a été proclamée sous l'égide de l'Unesco ? Suis-je bête ! C'était en 1978. Alors, si je compte sur mes doigts, et si j'ai bien compris, 1900 doit se trouver trop éloigné.
Ne va pas croire que je ne me sois pas diverti à regarder ces cartes postales par-dessus l'épaule de mon humain. Mais comme vous êtes différents de nous, mesdames et messieurs les chats d'il y a un siècle…

Les chats noirs sont eux aussi à l'honneur au seuil de l'an neuf.

Mon cher Pompon, je tends vers toi une patte de velours, et je t'assure de mon amitié à travers ces cent ans auxquels je ne comprends toujours rien.
Bien à toi,

Toto la Terreur, chat normand.

Un chat est un chat

Cela peut prêter à sourire, mais c'est un fait : si vous vous demandez d'où vient le nom de notre petit félin domestique favori, vous risquez de vous gratter la tête en disant : « Oui, bien sûr, c'est cela… » et de rester sur votre faim. Rassurez-vous : vous ne serez pas les seuls, car le mot chat possède une histoire plutôt compliquée et embrouillée, et il n'y a rien de vraiment logique dans son apparition au sein de notre langue. On n'en attendait pas moins d'un animal qui aime attirer toute notre attention !

Charmé par la musique, le chat se devait de devenir instrumentiste. Ci-dessous, carte avec système sonore.

Parmi tous les mystères qu'il aura suscités, le chat peut se vanter de demeurer une énigme lexicale. Car si nous appelons *chat* un chat, l'histoire de ce mot est loin d'être une évidence. Son origine continue d'opposer les linguistes, tout comme la filière orientale du chat domestique a longtemps divisé les zoologistes.

Les anciens Égyptiens désignaient phonétiquement le chat par l'onomatopée *myeou* ou *miou*, transcription phonétique de l'hiéroglyphe de l'animal, présenté assis, de profil. Certaines inscriptions funéraires, sans doute plus tardives, donnent le terme *techau*, signifiant la chatte ; d'après Pierre Larousse, les coptes – chrétiens d'Égypte – nommaient le chat *chau*. Il est amusant de constater que matou est l'anagramme d'Atoum, divinité solaire liée au chat ; de même, certains lexicologues britanniques trouvent l'origine de *pussy* en Égypte, dans Pasht, l'un des noms de la déesse Bastet.

Dans ses *Histoires*, Hérodote donne ses impressions sur le chat qu'il nomme *ailouros*. Ce vocable grec est un substantif

Entre aubade et charivari…

composé de deux mots : *aiol* et *ouros*, une métonymie (terme désignant un autre concept par un détail qui lui est lié) pour nommer l'animal ; le chat domestique devient ainsi le « balance-queue ». L'ailurophobie désigne en français la crainte, la peur excessive du chat.

Avant l'importation des chats en Grèce, via l'Égypte et la Phénicie, on avait recours, pour détruire les rongeurs, à divers mustélidés, parmi lesquels la fouine, le putois et la belette – ce dernier animal étant appelé *galè*. Bientôt – on s'en aperçoit à la lecture de Théocrite, au IIIe siècle avant J.-C., et chez Homère –, le terme de *galè* va également désigner le chat. Au IIe siècle de notre ère, les textes accolent à *galè* le terme *katoikidios*, « de la maison, domestique », et l'ensemble désigne assez souvent le chat domestique.

Sont-ce des chats ou des enfants travestis en félins ? La question reste posée !

Chez les Latins, on assiste à un semblable glissement de sens : *felis*, après avoir signifié chat sauvage, belette, etc., désigne le chat, Cicéron étant le premier à lui donner cette signification précise au Ier siècle avant J.-C. *Felis* donnera naissance en français au terme félin (en picard, chat se dit « fèle », et on trouve un verbe félir), mais c'est le terme *cattus* (puis *catus*), apparu en bas latin pour la première fois dans l'œuvre *De re rustica* de l'agronome Palladius, au IVe siècle de notre ère, qui sera à l'origine de notre mot chat.

Pourquoi cette cohabitation de *felis* et de *cattus*, mot dont l'origine demeure incertaine, mais qui a supplanté le précédent ? Une hypothèse invérifiée prétend que *cattus* se serait substitué à *felis* au moment où le chat domestique d'Orient était introduit à Rome.

Pour étayer cette supposition, la probabilité selon laquelle le mot *cattus* trouverait son origine dans une langue africaine. Chat en nubien se disait *kadis*, en berbère *kadiska*, *qatô* en syrien, *qitt* en arabe. Hypothèse étymologique vers laquelle penchent les

Coll. R. Lagier

Coll. R. Lagier

linguistes aujourd'hui – et parmi eux Alain Rey –, ceci infirmant l'explication donnée au VIIe siècle par Isidore de Séville, qui faisait venir *cattus* de *captare* (prendre), ou de *cattare* (avoir une vue perçante).

À la même époque, le terme savant pour désigner le chat était *musio* (de *mus, muris* : souris), *murilegus* (preneur de souris) ou encore *muriceps*.

Le terme chat est attesté depuis 1175, alors que son féminin, chatte, n'apparaît qu'au XIIIe siècle. Chaton est de 1261, chatière de 1275. *Cattus* se retrouve dans de nombreuses langues romanes : *gato* (portugais et espagnol), *gatto* (italien) ; celtiques : *cat* (anglais) ; slaves : *kochka* (russe) ; et germaniques : *Katze*, ou *Kater* (allemand). Certains historiens prétendent d'ailleurs que le nom des cathares dériverait

Quand l'univers des chats singe celui de la bourgeoisie 1900…

Coll. R. Lagier

de ce dernier mot, et non pas du grec *katharos* (pur), mais ce n'est qu'une hypothèse.

Et que nous dit le dictionnaire du terme *miaou* ? Cette onomatopée, naturellement forgée sur le mode d'expression vocale favori du chat, est attestée depuis 1619. On se demande avec angoisse comment faisaient les chats avant cette date pour réclamer à manger, exiger une caresse ou prier le ciel qu'on leur fiche la paix !

Quant à l'habitude de donner au chat le surnom de greffier, elle provient d'un jeu de mots tirant parti de la ressemblance entre greffe et griffe. À l'origine, un greffe était un stylet, un poinçon pour écrire, puis le mot signifia également « le bureau où l'on garde les minutes des actes de procédure » (Le Robert). L'officier public chargé de rédiger ces actes s'appela greffier. Cet homme gréfait, grafait (écrivait, en ancien français), et l'on fit bientôt la comparaison entre le scribe penché sur le papier, son stylet en main, et le chat qui prenait un vif plaisir à tendre la griffe vers le document pour le marquer de son sceau. Greffe, grafe, griffe : agitez ce cocktail lexical, et vous obtenez l'argotique greffier ; d'où également l'origine de l'expression « écrire comme un chat », partie du même jeu de mots.

Comment ne pas regretter l'appauvrissement du vocabulaire français qui disposait jadis de tant de mots pour désigner le chat ? Certains termes se sont curieusement dévoyés, influencés sans doute par la sexualité débridée que l'on prête aux matous et aux minettes : ainsi la catin et le marlou ! Et si l'on emploie toujours – justement – matou, minet et minette, que sont devenus les mite, mitaine, mistoufle, miste, maroufle, miston, mion, minot, minault, mitou et autre marcou ? Disparus, mais leur existence prouve aisément – cette liste n'étant pas exhaustive – à quel point le chat était un animal familier en France bien avant la fin du Moyen Âge.

Coll. R. Lagier

Coll. M. Sclaresky

Marche militaire, complainte, harmonie, tango : le chat semble s'adapter à tous les styles musicaux.

À BON CHAT, BON RAT

« Quand le chat n'est pas là, les souris dansent. » Qui ne connaît ce proverbe plus ancien qu'on ne peut l'imaginer, car il existait déjà, sous une forme voisine, dans le bas latin que parlaient nos ancêtres du haut Moyen Âge ? Sous l'apparente drôlerie de la situation, se cache l'une des clefs majeures du succès du chat depuis l'Antiquité égyptienne : son rôle décisif dans la lutte contre les rongeurs.

On imagine avec quelle fascination Grecs et Romains découvrirent, à travers les récits d'Hérodote, le chat d'Égypte encore inconnu en Occident, où la chasse aux souris et aux rats était assurée par des espèces aussi peu commodes que belettes et serpents. Bon nombre de chats domestiqués furent volés sur le territoire égyptien

Chats et souris : un sujet inspirateur.

Des deux espèces, qui est la plus à plaindre ?

ou achetés à des marchands phéniciens, pour être introduits dans les villas des patriciens gréco-latins – où il fut également apprécié pour sa beauté et ses qualités d'animal de compagnie. Ainsi, le chat peut-il se vanter d'avoir commencé son implantation en Europe grâce aux souris ! Cette condition d'animal utile lui a sans doute évité le pire, c'est-à-dire une éradication complète, quand la chrétienté vit en lui le démon incarné. Diabolisé au XIIIe siècle, le chat n'en continua pas moins, dans les bibliothèques des monastères, les armureries et les arsenaux, à veiller sur les livres, les cordes d'arbalètes, les voiles et cordages de navires.

Au XVIIIe siècle, même un ennemi acharné du chat comme le naturaliste Buffon ne put nier l'intérêt de la présence féline face à celle du rat, lorsqu'il commençait en ces termes bien déplaisants le tome XI (1758) de son *Histoire naturelle* : « Le chat

Le sadisme n'a pas attendu les dessins animés pour pimenter les illustrations animalières.

Coll. C. Le Corre

est un domestique infidèle, qu'on ne garde que par nécessité, pour l'opposer à un autre ennemi domestique encore plus incommode, et qu'on ne peut chasser. »
Avant lui, Colbert, secrétaire à la Marine de Louis XIV, avait compris, après les armateurs génois et vénitiens, tout l'intérêt de la présence des chats à bord des navires. C'est à lui que l'on doit la formule : « Ce navire est en état de naviguer ; il y a deux chats à bord. » Pour protéger les cargaisons, et tout ce que les dents des rongeurs pouvaient mettre à mal, le chat demeurait le meilleur atout. Encore fallait-il être sûr de posséder de bons chats ratiers. Les Vénitiens, forts de leurs comptoirs au Levant, avaient remarqué jadis la puissance des chats rencontrés en Égypte, sur les côtes de Barbarie (Afrique du Nord) et en Sorie (l'actuelle Syrie) ; ils en rapportèrent un bon nombre par bateaux, surtout ces fameux chats de Syrie, baptisés en vénitien *soriani,* un terme qui désigne depuis, dans la langue italienne, les chats tigrés, puisque telle est la couleur de la robe des chats syriens. Les *soriani* défendirent dès lors les marchandises sur les navires, et protégèrent la cité lagunaire, infestée de rongeurs.
Au XXe siècle, on verra le docteur Adrien Loir, médecin vétérinaire du port du Havre, préconiser la sélection de chats ratiers pour préserver la salubrité du port, de ses entrepôts et des navires. En 1930, il écrit : « Il serait intéressant de choisir parmi les chats des reproducteurs bons chasseurs, et d'arriver ainsi à former une race de ratiers remarquables, ce qui serait facile et réalisable dans un temps relativement court. »
Contrairement à une idée reçue qui prévalut longtemps en

Si on récompensait tout marin ayant pris un rat par un quart de vin, quelle prime touchait alors un chat ?

milieu rural, le fait d'affamer un chat ne le rend pas plus performant à la chasse ; bien au contraire : un chat affaibli est un piètre chasseur, tandis qu'il se montre un redoutable prédateur le ventre plein. L'instinct de prédation demeure indépendant de l'appétit. De toute façon, le chat ne dévore pas le rat qu'il se contente de tuer ou d'éloigner par son odeur, apportant ainsi une contribution importante à la salubrité de l'environnement. Avec le rat, c'est le spectre de la peste, de la fièvre aphteuse, de la rage et d'autres pathologies contagieuses et dangereuses qui se profile ; ici comme dans d'autres domaines, le chat s'est toujours montré un précieux auxiliaire pour l'homme.

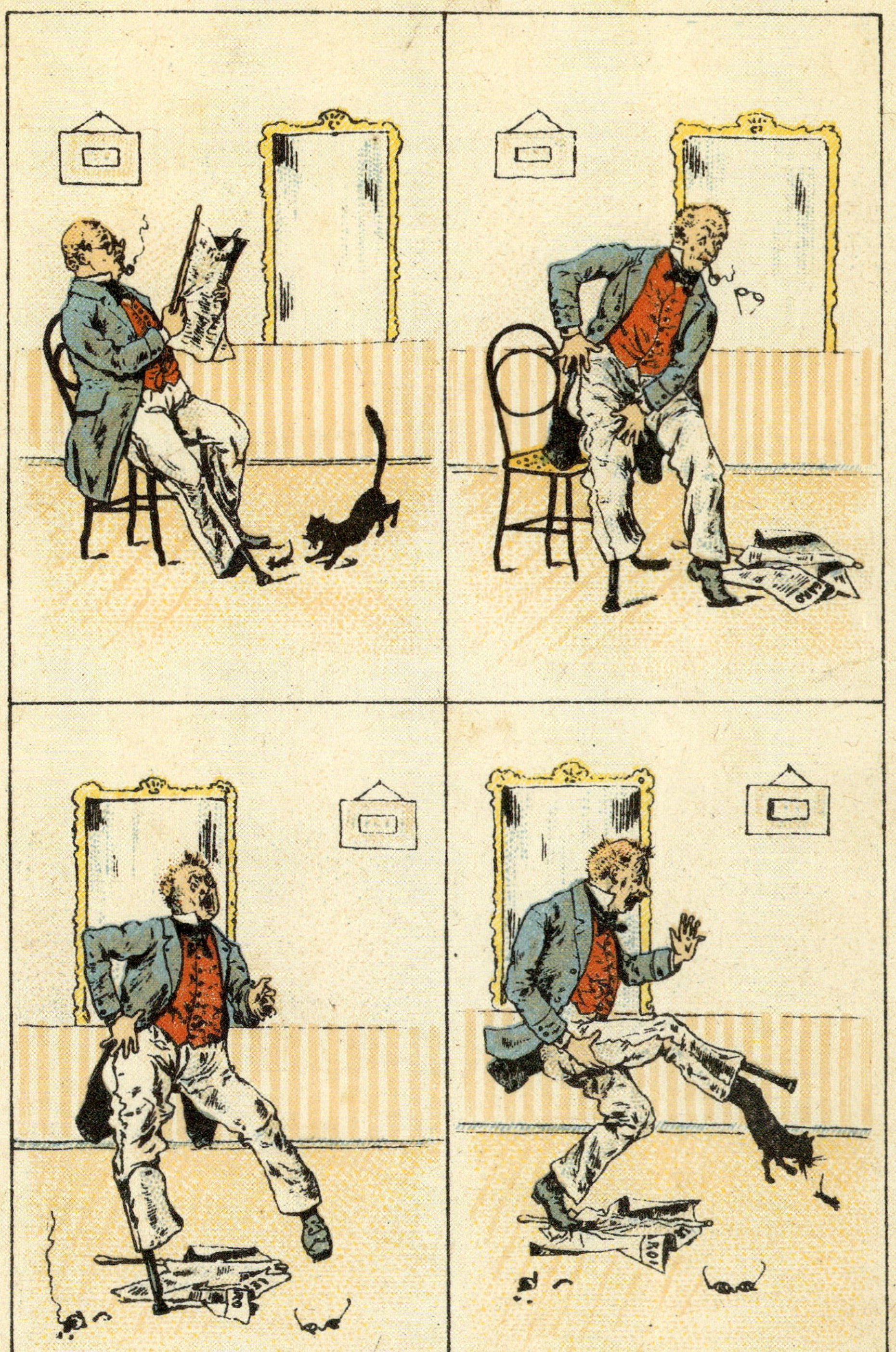

HISTOIRE SANS PAROLES. — Un moment désagréable.

PRESQUE AUSSITÔT J'APERÇUS UNE MÈRE SOURIS VENANT A LA DÉCOUVERTE.

La chasse aux souris peut s'exercer au détriment des habitants de la maison.

Jalousie

COMME CHIENS ET CHATS

« S'entendre comme chien et chat » : l'expression semble vieille comme le monde. Pourtant, comme bien des proverbes, dictons et expressions populaires, il ne faut pas trop s'y fier, car elle fait partie de cet héritage peu sympathique du Moyen Âge, qui s'est complu à noircir le chat en l'accusant de tous les maux. Ceux qui ont des chats et des chiens savent bien que les deux animaux cohabitent volontiers, et qu'ils sont capables de vivre en bonne entente et même plus que cela. Mais, l'héritage de la culture populaire prétend le contraire…

Eternels ennemis ? C'est ce qu'affirme la rumeur publique qui, comme chacun le sait, n'est pas forcément la voix de la vérité.

À ce titre, ce que nous apprend le folklore, et ses récits, est instructif. De tous les coins de France et d'Europe nous viennent des légendes qui corroborent la mauvaise opinion que se font les gens des rapports du chien et du chat. Bien entendu, on fait remonter cet antagonisme à la nuit des temps. C'est ainsi, en Provence, que l'on dit : « Le chien est du bon Dieu et le chat est du diable. »

Paul Sébillot, qui étudia longuement au XIXe siècle le patrimoine folklorique de nos contrées et le réunit dans son important ouvrage *Le Folklore de France*, analysait fort bien le mécanisme redoutable par lequel toutes choses et toutes créatures se retrouvaient définitivement cataloguées dans la croyance populaire. « Lorsque Dieu a créé une œuvre belle et utile, écrit Sébillot, le diable veut l'imiter, mais ses efforts n'aboutissent qu'à une contrefaçon inférieure et nuisible. »

C'est ainsi que Dieu crée le jour, tandis que le diable n'est capable de produire que la nuit. Le Soleil est bien sûr une création céleste, alors que la Lune n'est que son imitation infernale. L'homme est une créature divine, tandis que la femme… N'insistons pas pour ménager les susceptibilités ! Mais rappelons que c'est la prétendue « sagesse populaire » qui parle, et pas l'auteur de ces lignes ! Les animaux n'échappent pas à cet étiquetage peu charitable.

Le partage de la gamelle : un sujet qui fâche entre chats et chiens !

Quand Dieu décide de donner la vie au chien, le diable, tentant une fois encore de l'imiter, va créer le chat. Le pli est pris, notre matou, avec ses oreilles pointues qui rappellent les cornes du Malin, est catalogué au rayon des « sales bêtes ». Pourtant, tout laisse à penser que Dieu aurait bien aimé que le chat soit de son bord. Certains prétendent même que l'idée du chat lui revient mais que le diable la lui ait soufflée alors même que le Seigneur était en plein travail. Le résultat, comme le croient les Poitevins, c'est que Dieu et Satan se battirent pour avoir la suprématie sur l'animal, et que le Malin eut le dernier mot en s'écriant : « Tu feras le chat si tu veux, mais sa tête sera à moi ! » D'où la frayeur qu'éprouvent certains devant les reflets verts qui dansent au fond de la prunelle du chat et qui rappellent cette paternité douteuse…

Et le chien ? Curieusement, le folklore semble avoir gommé avec précaution le passé de cet animal très tôt apprécié pour ses talents de chasseur et de gardien, son caractère docile et sa patience avec les enfants. Que le chien ait été un accompagnateur des âmes, un passeur des morts dans l'Antiquité gréco-latine (sans parler du « cousin », le chien sauvage Anubis, patron des embaumeurs chez les Égyptiens),

Du quotidien à l'étrangeté, illustrateurs et dessinateurs ont montré chiens et chats sous diverses facettes.

paraît avoir été oublié au Moyen Âge dans nos contrées, tandis que le chat devenait l'animal des ténèbres. Cerbère, le monstre à deux ou trois têtes, gardien des Enfers, connais plus ! Oubliés, les chiens dévoreurs de charognes et d'ossements dans les cimetières ! Tout d'un coup, le chien devenait tout blanc, face à un petit félin désespérément noir. Cette opposition ne pouvait manquer de donner naissance à des légendes, et la plus savoureuse est certainement celle-ci, d'origine wallonne, qui nous explique l'origine de l'antagonisme du chien et du chat.
Chacun sait que le chat aime s'installer auprès d'un bon feu de bois pour se réchauffer et rêver devant les flammes. Au temps où la cheminée était le centre de la maison, dans les campagnes, l'endroit où l'on faisait cuire la soupe et où la famille se réunissait, l'âtre était vraiment le point stratégique. Les chats décidèrent donc que la cheminée et ses abords étaient leur domaine. C'était compter sans les chiens qui trouvaient injuste de ne pas pouvoir eux aussi se réchauffer, eux

Qui est le maître de la maison ? Question toujours sans réponse !

Bons apôtres, ces animaux humanisés à l'extrême…

qui rendaient de nombreux services, en gardant la maison, en accompagnant le maître à la chasse. Un conflit éclata donc entre chiens et chats.

L'affaire fit grand bruit, les humains n'arrivant même pas à juguler les bagarres incessantes qui opposaient les deux espèces. On décida donc de porter l'affaire devant un tribunal, mais pas n'importe lequel : celui du Créateur en personne ! Chiens et chats se transportèrent devant le trône de saint Pierre, et la plaidoirie commença. Les chiens firent valoir leur fidélité, les travaux qu'ils accomplissaient pour mériter l'hospitalité des hommes, mettant en avant la redoutable paresse des chats qui passaient leurs journées entières à rêver. Les chats rappelèrent que, sans eux, les récoltes seraient perdues dans les greniers et que les rats et souris pulluleraient.

Saint Pierre décida de départager le plus équitablement les deux races, aussi dignes d'intérêt l'une que l'autre. Il fut décidé que les chiens pourraient dormir près de la cheminée dans la journée, tandis que les chats s'y installeraient la nuit venue. Chacun serait le maître du foyer pendant douze heures. Le compromis fut signé sur un grand parchemin. Chiens et chats se serrèrent la patte et redescendirent sur terre, satisfaits.

La vie commune reprit son cours, d'abord sans histoire. Les chats rêvaient toute la nuit au coin du feu, puis cédaient la place aux chiens, aux premières lueurs de l'aube. Et puis, comme nos amis sont malins, ils grattèrent, par-ci, par-là, une ou deux minutes, sans que les chiens s'en aperçoivent. En peu de temps, les chiens se retrouvèrent privés de feu ! Et la guerre recommença de plus belle…

Pas moyen de trouver une solution : il fallut remonter au paradis, réclamer l'arbitrage de saint Pierre. Que de coups de pattes, et de griffes, de piétinements rageurs ! Jamais on n'entendit un tel concert d'aboiements, de miaulements furieux et de cris dans le saint lieu. Saint Pierre dut intervenir pour calmer son petit monde, et faire installer sagement la troupe courroucée des chats et des chiens.

Tout d'abord, le chien archiviste sortit de son sac le fameux parchemin du compromis, histoire de rappeler ce qui avait été convenu. Les chats allaient être confondus et condamnés. Mais, le hasard fait parfois bien les choses. À la surprise générale, tandis que chiens et chats attendaient, muets à présent, la lecture du texte, on entendit un tout petit trottinement. C'était une minuscule souris qui traversait la salle d'audience ! Avant que saint Pierre ait pu intervenir, un des chats se précipita sur la tentatrice et la croqua d'une bouchée. Le chien archiviste, qui avait déployé son parchemin, en demeura la gueule ouverte, bâillant de stupéfaction. Fatale erreur ! Un des chats, profitant de ce moment d'inattention, se jeta sur le parchemin qu'il déchira à coups de griffes et engloutit rondement, comme s'il s'agissait d'une pâtée délectable.

N° 10. (26e Année.) Le numéro : 35 centimes. 6 Mars 1930.

LA SEMAINE DE SUZETTE

PARAISSANT LE JEUDI

Éditions GAUTIER-LANGUEREAU, 18, rue Jacob, 18, PARIS (VIe).
Chèque postal : Paris 336-47.
ABONNEMENT D'UN AN : France et Colonies : 18 francs. ÉTRANGER : 25 fr. ou 32 fr. Selon les pays. Voir en fin de la dernière page.

Pourquoi les chiens courent après les chats

Au temps jadis, les chiens et les chats s'accordaient à merveille, comme tous les animaux. Mais il y eut entre eux une petite histoire qui tourna très mal, comme vous allez voir.

Le chien passait de grandes journées à la chasse. Il partait le matin de très bonne heure, dans le vent et le froid en hiver. C'était très dur. Quand il rentrait le soir, fourbu et gelé, il retrouvait, au coin du feu, le chat, confortable et tranquille qui l'accueillait en ronronnant.

— Tu en as de la chance, d'avoir un métier pareil ! disait le chien.

Car le chat était fourreur.

Mais le chat, sagement, répondait :

— Tu t'amuses plus que moi à courir le pays.

— J'ai bien froid parfois, gémissait le chien.

— Je m'ennuie quelquefois beaucoup, ripostait le fourreur.

Enfin, un jour, le chien eut une idée. Il venait de tuer un jeune animal dont la fourrure à longs poils était splendide...

— Si seulement j'étais habillé ainsi, pensa le pauvre frileux, comme j'aurais chaud...

Et c'est ici que l'idée géniale lui vint. Il rapporta, au lieu de le manger sur place, l'animal qu'il venait de tuer et entra triomphalement chez le chat en portant sa proie.

— Qu'est ceci ? demanda l'hôte.

— Je veux te proposer une affaire, dit le chien. Je t'apporte cette bête qui fera ton dîner, mais, en échange, tu me feras une chaude pelisse qui me permettra d'affronter les grands froids.

Le chat, après avoir réfléchi un instant, jugea le marché intéressant et accepta. Ce fut un assez gros travail. Bien entendu, le chat commença par dîner. Et même comme il était bon garçon et pas « regardant », il invita le chien à partager son repas. Et le lendemain il se mit au travail.

Mais voilà que le soir où fut terminé cet ouvrage, auquel il avait mis tous ses soins, il voulut l'essayer. Cela devait être pour le chien un petit paletot. Ce fut pour le chat une pelisse somptueuse qui l'habillait tout à fait. Et quand il se vit dans la glace, il se trouva tellement beau avec ses longs poils noirs d'emprunt, éclairés par ses magnifiques yeux verts qu'il eut un miaulement de satisfaction.

Sa coquetterie était éveillée : il était perdu. Il ne put supporter l'idée de se séparer de ce manteau splendide. Dès qu'il fit le geste de l'enlever, il lui sembla qu'il allait se séparer d'une partie de lui-même. Et sans réfléchir à ce qui arriverait, sans songer qu'il allait commettre une vilaine action, il se sauva comme un voleur qu'il était dans un autre pays.

Et le pauvre chien volé courait chaque fois qu'il allait voir le chat pour lui réclamer sa fourrure.

C'est pourquoi les chiens ont pris l'habitude de courir après les chats, espérant toujours retrouver leur bien volé.

PARFOIS LE MÊME COUSSIN NOUS SERVAIT DE LIT.

Comment les journaux pour enfants modèlent la mentalité de leurs petites lectrices.

Cette fois-ci, le charivari fut à son comble. Le procès resta sans jugement. Excédé, saint Pierre jeta tout le monde dehors, et chiens et chats, hurlant et mordant, redescendirent sur terre dans un concert d'aboiements et de miaulements. Voilà pourquoi, depuis, les chiens n'ont plus cessé de pourchasser les chats, pour tenter de leur faire rendre le fameux parchemin du compromis ! Comme quoi l'imagination populaire, si elle est parfois à l'origine de cruautés, ne manque pas de sel.

Des amitiés inattendues

Destructeur des rongeurs, éternel ennemi-ami du chien, le chat est un animal surprenant, capable d'établir des alliances avec bien d'autres espèces. Il serait un peu schématique de vouloir ainsi s'en tenir aux lieux communs, et de n'envisager la vie du chat que comme une longue poursuite des oiseaux, à la manière des dessins animés de Titi et Grosminet ! Bien sûr, il y a du vrai, l'instinct étant ce qu'il est, et la prédation fait partie du patrimoine génétique du félin domestique. Mais, après tout, messire le chat a toujours vécu, à la campagne, entouré d'autres bêtes avec qui il a pu également entretenir des rapports plus ou moins « amicaux », mais bien réels.

Une rare assiette publicitaire de la Samaritaine (ci-dessus) illustrant une fameuse fable de La Fontaine (qui n'avait pas prévu de chats dans l'histoire !).

Son secret ? L'art et la manière de garder ses distances. Nul mieux que Victor Hugo a su mettre en scène cette suprématie du chat au sein d'un groupe d'animaux de ferme, comme en témoigne cet extrait des *Lettres sur le Rhin* : « Rien ne me divertit comme un chat dans une basse-cour. C'est un spectacle charmant. Regardez-le. Il est couché au soleil, roulé dans sa fourrure. Il a chaud. Il est bien. Et pendant que le chien, fatigué d'avoir veillé toute la nuit, dort dans sa niche, que le pourceau grogne, que le dindon glousse et fait la roue, que les oies et autres volailles cancanent et bavardent au hasard, lui, il regarde et ne dit rien.

S'il s'absente une heure ou deux, c'est pour aller chasser dans le verger, chasser non en chien, mais en chat, non pour les autres, mais pour lui. Il a déjeuné discrètement, dans l'ombre, d'un moineau ou d'un chardonneret. Il rêve, il observe : et toujours et dans tous ses mouvements et dans toutes ses actions, il déploie vis-à-vis des autres bêtes qui l'entourent des manières d'homme bien élevé qui se serait fourvoyé dans une réunion d'imbéciles. »

Les chatons élevés avec d'autres espèces peuvent les considérer comme des « frères » et « sœurs ».

Notre chat « homme du monde » n'en est pas moins capable de descendre de son piédestal de roi de la basse-cour et de fraterniser avec les autres espèces. Il peut même en devenir très proche, pour peu qu'il ait été élevé en même temps qu'un autre animal. Dans les premières semaines de son existence, les chatons se trouvent dans ce que les éthologues – les spécialistes du comportement – nomment la période d'imprégnation. Ils sont particulièrement réceptifs, notamment à tout ce que leur mère leur apprend : comment se nourrir, éliminer, chasser. Les contacts avec les autres espèces s'établissent sans problème à ce stade. Ainsi, un chaton qui va être saisi, manipulé, caressé, par plusieurs membres d'une famille, adultes et enfants, n'éprouvera par la suite aucune appréhension face à des nouveaux venus. Il sera très sociable, et cherchera à faire connaissance avec celles et ceux qui l'approcheront. Ce sera bien plus difficile pour une portée de chatons élevés dans un grenier de ferme, par exemple, et que personne n'approchera avant qu'ils ne deviennent indépendants ; ces chats-là conserveront très vraisemblablement une crainte des hommes pendant toute leur vie, et les apprivoiser sera un travail de longue haleine.

Il en va de même avec les autres espèces : un chaton élevé dès les premières semaines avec un chiot, un rat, un oiseau, un agneau ou tout autre animal, le considérera comme un congénère auprès de qui il peut se blottir pour dormir, prendre ses repas en commun,

jouer. À priori, devenu adulte, il n'envisagera pas le rat ou l'oiseau comme des proies, puisqu'il continuera à les voir comme des chats d'un genre un peu particulier ! On a vu ainsi des chats devenir inséparables d'une poule ou d'une oie, d'une souris blanche ou d'un lapin. De quoi faire réfléchir, dans l'au-delà, Jean de La Fontaine, qui ne voyait dans le chat qu'un gourmand hypocrite et cruel !
Bien sûr, il ne faut pas tenter le diable, et espérer que le chat restera de marbre, dans la nature, face aux mulots et aux oisillons. Mais, il y a parfois des surprises…
C'était au cœur de l'été, en Normandie. Bidule, mon chat noir à médaille blanche, vaquait à ses occupations, dans le jardin. Tout comme moi, d'ailleurs. Malgré le soleil qui dardait, je travaillais à l'irrigation de plusieurs rangées de plants de tomates. À coups de bêche, j'ouvrais donc des tranchées qui allaient permettre de faire ruisseler l'eau. En attendant, c'est moi qui ruisselais, tant la chaleur était intense. De temps en temps, je posais mon outil, et m'arrêtais pour me sécher et me rafraîchir le visage. Lors d'une de ces pauses, levant le nez, j'aperçus une petite silhouette familière postée près d'une rangée de haricots verts : le chat Bidule jouait les inspecteurs des travaux finis. Je commençai à lui en faire la remarque lorsque, lançant un second coup d'œil, je vis… deux chats noirs assis sur leur postérieur. Une illusion créée par la chaleur, sans doute ! Je frôlais l'insolation…
Regardant plus attentivement, il me fallut me rendre à l'évidence. Il y avait bien deux mammifères noirs, assis en train de m'observer. Mais si l'un d'eux était bien mon chat, l'autre était doté de longues oreilles : un lapin !
Les deux animaux étaient assis côte à côte, comme deux complices. Remis de ma surprise, j'interrogeais Bidule, qui se contenta de me regarder de son air le plus innocent. Petit à petit, je reconstituai le puzzle…
Le lapin noir avait dû se sauver, et il s'était trouvé bien dans ce vaste jardin regorgeant de bonne herbe. Bidule, l'ayant aperçu, avait sûrement commencé par lui donner la chasse, avant de réaliser que cette proie aussi grande que lui ne se laisserait pas faire. Sans compter que le lapin était son sosie… aux oreilles près ! À quoi tient parfois l'amitié entre les espèces…

Lapins, âne, oiseau, canards, chiens, oiseaux de proie : le chat côtoie tous les animaux de la ferme et de la campagne, avec toujours autant de curiosité.

Vase en porcelaine.

Nº 36. (25e Année.) Le numéro : 35 centimes. 5 Septembre 1929.

LA SEMAINE DE SUZETTE

PARAÎSSANT LE JEUDI

Éditions GAUTIER-LANGUEREAU, 18, rue Jacob, 18, PARIS (VIe).
Chèque postal : Paris 336-47.

ABONNEMENT D'UN AN : France et Colonies : 18 francs. | ÉTRANGER : 25 fr. ou 32 fr. | Selon les pays. *Voir en fin de la dernière page.*

L'héroïque petite chatte

Chaque matin, Francine menait ses oies le long de la rivière. Finot, son chien fidèle, l'accompagnait. Tous deux, tranquillement assis, surveillaient les bêtes qui paissaient l'herbe ou s'ébattaient dans l'eau. Un jour que Francine racontait à Finot une belle histoire qu'elle venait de lire, elle entendit des cris plaintifs. C'était une chatte qu'on avait jetée à l'eau et qui était en train de se noyer. Francine fit un signe à Finot qui s'élança, plongea bravement, et bientôt rapporta à sa maîtresse la pauvre petite bête toute mouillée, maigre et tremblante.

Francine la transporta jusqu'à sa maison. Après l'avoir bien essuyée, elle la coucha dans une corbeille. Finot s'assit à côté d'elle, et tous deux, chien et chatte, achevèrent de se sécher à la douce chaleur de l'âtre. Bientôt, grâce aux bons soins de Francine, la chatte était devenue belle et forte. Elle s'entendait à merveille avec Finot, ainsi du reste qu'avec les oies du troupeau, Mais voici qu'un jour, en l'absence de Francine, partie au village en emmenant son chien...

... un grand oiseau fondit soudainement sur un des oisons qui s'était, imprudemment, aventuré tout seul loin de la maison. Le rapace le tenait déjà dans ses serres, quand la chatte qui veillait bondit sur l'oiseau, le poil hérissé, les yeux en flammes... Après une terrible lutte, elle parvint à le terrasser...

... et quand Francine revint, elle vit la chatte s'avancer vers elle, portant fièrement l'énorme oiseau entre ses dents. La petite fille, embrassant sa chatte, se réjouit d'avoir adopté une petite bête aussi brave, qui venait de lui prouver si bien sa reconnaissance.

Coll. R. Lagier

Coll. M. Sclaresky

Si le chat m'était conté

Il était une fois… Mais, est-il bien nécessaire de vous raconter l'histoire du plus célèbre des contes mettant en scène un chat ? En revanche, il est amusant de suivre à la trace le Chat botté dans ses pérégrinations qui commencent à Venise, où le fameux personnage fait sa première apparition dans la littérature.

Du bronze de Vienne (3,6 cm, fabriqué par l'atelier Bermann) aux chromos, le héros de Charles Perrault a inspiré un nombre très important d'illustrations.

Sans doute le conte est-il à l'origine issu d'une tradition orale remontant à la nuit des temps. Mais, si l'on doit lui donner une date de naissance, c'est au XVIe siècle, en 1550. Cette année-là, un certain Giovanni Straparola publie un gros volume intitulé *Les Facétieuses Nuits*, que Charles Perrault lira certainement, puisque l'ouvrage, fort populaire, est traduit en plusieurs langues à travers l'Europe. La huitième de ces *nuits* raconte une histoire qui est, à peu de choses près, celle du Chat botté. Détail curieux : le meunier est ici une femme qui s'appelle Soriane – justement le nom qui désigne en vénitien les chats de Syrie, si populaires à Venise ! Autre différence : le chat est une chatte, et celle-ci n'a pas besoin de bottes pour mener à bien sa mission. Mais, pour le reste, la trame est identique.

La rusée chatte Soriane va inspirer à son tour l'auteur napolitain Giambattista Basile, à qui l'on doit *La Chatte Cendrillonne* ; il place à son tour le Chat botté dans son recueil *Le Conte des contes* (1634). Difficile, avec ces deux précédents célèbres en leur temps, d'accorder à Charles Perrault la paternité du Chat botté. Mais, il ne

fait aucun doute que l'écrivain français sut s'approprier ce récit et en tirer le meilleur. Ce n'est pas pour rien que certains auteurs – et Michel Tournier en particulier – considèrent *Le Chat botté ou le Maître-chat* comme l'un des chefs-d'œuvre de la littérature française !

Chose étrange, Perrault ne mit pas son nom sur la première édition des *Contes de ma mère l'Oye*, en 1697, et nia longtemps en être l'auteur, en dépit de la grande popularité rencontrée par l'ouvrage. Les romantiques allemands, en particulier, l'apprécièrent beaucoup : les frères Grimm, puis le dramaturge Ludwig Tieck, acclimatèrent chez eux le Chat botté. L'élégance du personnage séduisit le compositeur russe Tchaikovski, qui lui fit danser un pas de deux avec la Chatte blanche, dans son ballet *La Belle au bois dormant*. Aux États-Unis, le Chat botté devint *Puss in boots*. Quant aux petits Anglais, ils connaissaient dès le XVe siècle une histoire très proche, celle de Dick Whittington, enfant pauvre des faubourgs de Londres qui devint trois fois lord-maire de la capitale britannique grâce à son chat.

À priori, le Chat botté est un drôle de personnage qui donne des leçons de mensonge, de vol et de fourberie, mais la logique du conte n'a que faire de la morale traditionnelle ; c'est l'inconscient qui s'exprime par la voix des personnages, mythes et archétypes incarnés dans des humains ou des animaux, afin de propager à travers les siècles une sagesse venue du fond des âges. Perrault fut l'un des premiers auteurs à donner une image positive du chat, à une époque où il était encore un objet de crainte. Bien sûr, à la cour de Versailles, et chez les dames de la noblesse, on appréciait les chats de race comme les luxueux angoras. Mais, le

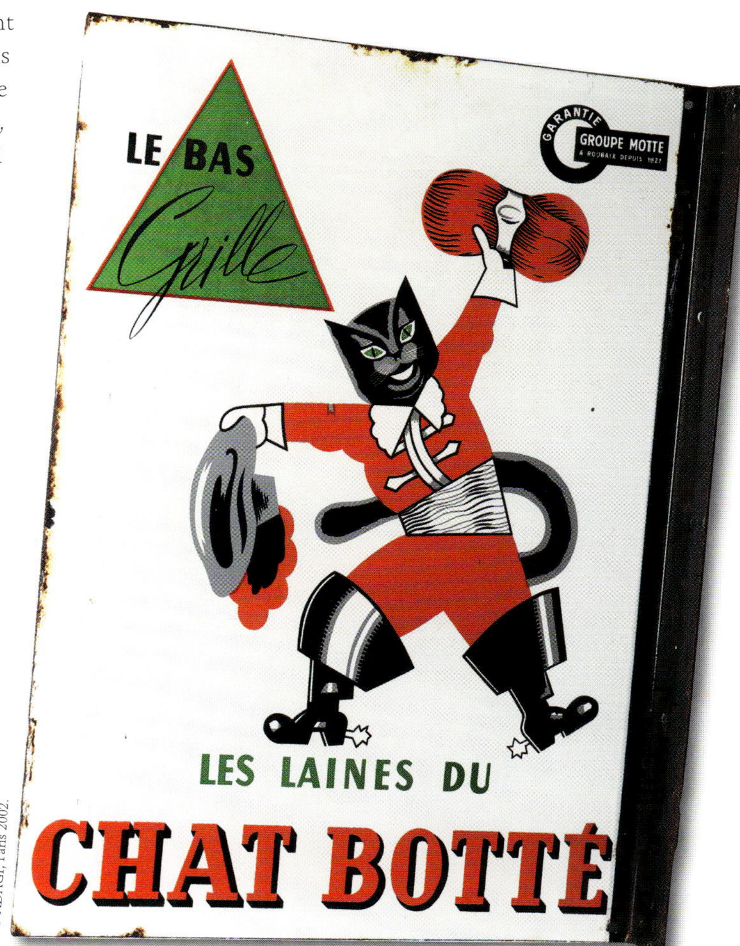

Jusqu'à la « réclame » qui s'en est mêlée : plaque émaillée double face en potence illustrée par Léon Gischia (60 x 45 cm).

Confident, complice, magicien ou fée en habit de velours, le chat est un acteur important des contes de tous les temps.

chat de rue et de ferme n'était là que pour croquer rats et souris et se débrouiller seul, tout en prenant coups et taloches. Perrault s'inscrit en novateur, par la manière dont il nous montre l'attachement du fils du meunier pour son seul ami, le chat de gouttière, plus important pour lui que toutes les richesses matérielles. De quoi sourire, à prime abord, mais le conteur renverse la situation, et celui des trois jeunes gens qui semblait le plus démuni parvient au sommet grâce à la malice de son chat. Il fallait un certain courage, au XVIIe siècle, pour rendre un tel hommage à un animal traînant encore après lui une odeur de soufre…

Une centaine d'années après Charles Perrault, Madame d'Aulnoy, dans ses *Contes nouveaux ou les Fées à la mode*, viendra enrichir le patrimoine des contes félins avec *La Chatte blanche*. Merveilleuse fable, où trois jeunes princes doivent subir trois épreuves pour hériter du trône paternel. C'est naturellement celui des trois garçons qui rencontrera l'énigmatique chatte blanche qui sortira vainqueur de ce parcours initiatique. Chatte blanche, adorable créature féline, mettra le jeune homme à l'épreuve, l'obligeant même à renoncer à ce qu'il aime le plus au monde, puisqu'elle exigera de lui qu'il la supprime. Mais, c'était le prix à payer pour voir la chatte blanche devenir alors une ravissante princesse, une déesse lunaire incarnée devant laquelle le roi, qui personnifie le Soleil, s'inclinera, et à qui il offrira de partager son trône avec le jeune prince.

Jadis, les bergers de la Creuse racontaient ce qui survint au lendemain du jour funeste où Adam et Ève furent chassés du paradis. Dans la tourmente qui jeta le premier couple et leurs fils sur terre, il y avait un témoin qui garda ses yeux verts bien ouverts. C'était un chat, l'animal attaché au troisième enfant d'Adam et Ève, Jacob. Ce dernier, désespéré, pleurait sur le sort qui était le sien. Navré de voir son ami se lamenter, le chat lui apprit alors qu'il savait comment retourner au jardin d'Éden.

Jacob et son chat se mirent en route. Après de longs jours d'errance, ils arrivèrent aux portes du paradis, gardées par un ange qui, tout d'abord, leur en interdit l'entrée puis, apitoyé, autorisa l'enfant et l'animal à passer une heure au paradis et à y cueillir chacun un fruit. Depuis, dit la légende, un descendant de Jacob et un descendant du chat connaissent le chemin du paradis. Un enfant et un chat possèdent donc la clef du plus grand bonheur que puisse désirer l'homme.

Seul le chat, sans en avoir l'air, détient le secret du chemin du paradis.

Le chat noir

Aujourd'hui, nous le considérons comme un porte-bonheur. Mais, le chat noir a traversé plusieurs siècles difficiles. Tout comme les autres chats, d'ailleurs. Curieusement, tout laisse à penser que, durant le haut Moyen Âge, l'animal favori des sorcières ne fut pas trop inquiété. N'était-il pas également le compagnon de pieux ermites et de moines, comme le rapporte Grégoire le Grand dans un texte du IXe siècle ?

Mais, à l'approche de l'an mil et des terreurs liées à la fin du monde, de grands bouleversements frappèrent l'Europe. L'Église, après avoir toléré certaines survivances de cultes païens, radicalisa sa position et déclara ouverte la chasse aux sorcières.

Qui étaient ces femmes vivant dans les campagnes ? Des devineresses qui, connaissant les secrets des *simples*, ces plantes capables de guérir ou de tuer, savaient soigner les villageois qui venaient les consulter. S'agissait-il de lever un sort, ou d'en jeter un, on allait voir la sorcière. Les femmes étaient leurs meilleures clientes, car elles étaient expertes dans l'art de soulager les maux féminins, de pratiquer les accouchements ou d'interrompre une grossesse. Voilà pourquoi le corps médical se joignit aux attaques de l'Église contre une corporation qui détournait bon nombre des gens des prêtres et des médecins.

« Qui veut noyer son chien l'accuse de la rage », dit-on. Pour noircir les sorcières, on fit de même. Il suffisait, en ces temps obscurs, de faire courir les bruits les plus

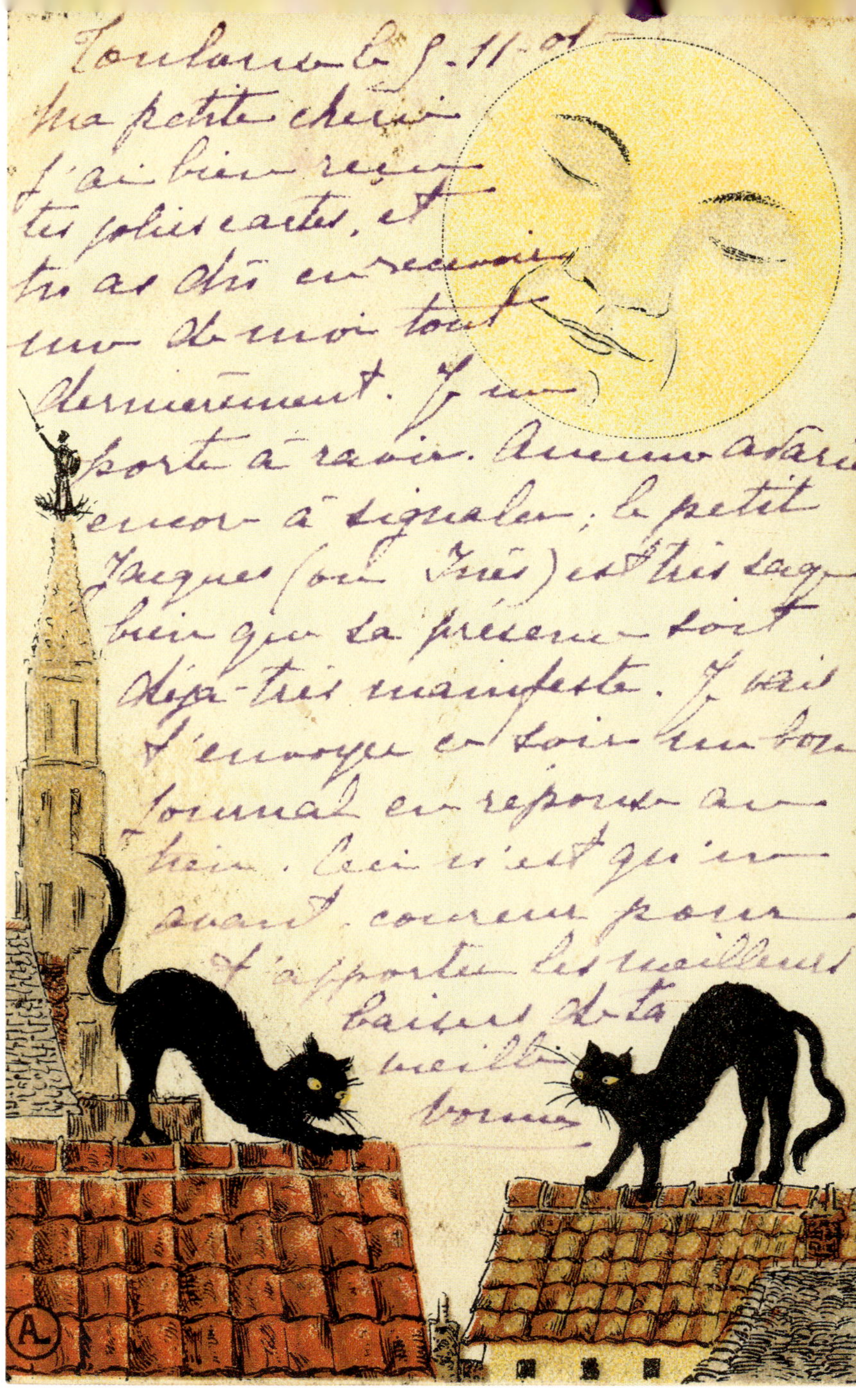

inquiétants pour que les procès commencent et que les bûchers s'embrasent. Une occasion rêvée pour expédier par la même occasion aux enfers l'âme damnée de la sorcière, c'est-à-dire le chat.

C'est en 962 qu'eurent lieu en France, à Metz, ces premières cérémonies baptisées du nom de « mercredi des chats ». Une sorcière ayant échappé aux flammes, on y précipita en compensation une quantité de chats. La tradition était établie : on fit de même à Paris, à Aix-en-Provence, tandis qu'en Belgique, à Ypres, les chats étaient précipités du beffroi.

En Allemagne, on croyait que les chats qui arpentaient les toits au mois de février étaient des sorcières en route pour le sabbat. Sans doute allaient-elles rejoindre le cortège infernal de la déesse Freyja, protectrice des couples, dont on disait que le char était conduit par quatre majestueux chats blancs…

Ces exemples de métamorphoses se retrouvent à travers toute l'Europe. Le cas le plus fameux eut lieu à Strasbourg, où un homme, attaqué par trois chattes, se défendit en les rouant de coups. Le lendemain, trois femmes de son quartier – des sorcières, bien évidemment – portaient des marques de blessures. La même aventure survint en Normandie, à Vernon.

La Lune, la femme, l'ombre, les toits et la nuit : que de fantasmes doit affronter le petit garçon !

Le chat est indissociable du monde rural. Ci-dessus, un chat et un chien typiques de la manière de Benjamin Rabier, le grand pionnier de la bande dessinée française ; et un chat distributeur de bretzels (la queue, en bois, est amovible) !

Lors de procès en sorcellerie, il fut établi que les sorcières, en signant un pacte avec le Diable, s'assuraient les services de ce dernier sous les traits d'un chat noir. L'animal surgissait bien souvent au carrefour de deux chemins forestiers, à minuit. Quelques gouttes de sang au bas d'un parchemin, et le chat accompagnait la sorcière jusqu'à son logis, devenant son familier et répondant à un nom magique connu d'elle seule. En Grande-Bretagne, en 1566, une des sorcières de Chelmsford avoua que le démon en personne lui avait donné l'ordre de baptiser son chat du nom de Sathan, et que ce familier était capable de se transformer en chien ou en crapaud, et de tuer un enfant si elle le lui demandait, ou même encore d'entraîner une vache vers une mare pour la noyer !

Les épidémies de peste qui déferlèrent sur l'Europe à la suite des croisades ne firent qu'intensifier la répression contre les chats, alors que l'animal était le mieux placé pour lutter contre les rats, vecteurs du bacille meurtrier. Dans les campagnes, les sorcières étaient impitoyablement traquées, et tous les chats, surveillés de près. Un matou détournait-il la tête en passant près d'un calvaire ? C'était une sorcière métamorphosée. Le chat étant un animal expressif, on imagine que ce genre d'épisode ait pu se reproduire de nombreuses fois, hélas !

Pour que les chats ne se rendent pas au sabbat, on prit l'affreuse habitude de leur couper la queue, puisque c'était là que le démon se cachait. Ces cérémonies impies ayant lieu au soir du mardi gras et la veille de la Saint-Jean, on fit donc brûler les chats le mercredi des Cendres et à la Saint-Jean ; ainsi, l'on était certain de faire périr un bon nombre de sorcières de retour du sabbat…

Les persécutions contre les chats cessèrent progressivement tandis que les affaires de sorcellerie allaient en diminuant, au XVIIIe siècle. Les derniers grands procès touchèrent d'ailleurs plutôt les grandes villes, Paris et l'entourage de la Cour. Mais, en ce qui concerne les chats noirs, le cas était plus difficile.

Qui a peur du « terrible » chat noir ? Si nous posons la question au présent, c'est qu'il faut bien avouer que cette méfiance est loin d'avoir disparu et que l'on touche à l'une des superstitions les plus ancrées dans la mémoire collective.
Comme toutes les peurs superstitieuses, il est frappant de voir que ceux qui s'en font complices sont en général bien incapables de vous expliquer les raisons de ces croyances aberrantes ! D'où vient donc la peur du chat noir ? Ce chat noir que tant de gens craignent encore, de nos jours, de voir croiser leur chemin, en vous expliquant qu'il s'agit d'une rencontre de mauvais augure…
Au Moyen Âge, tous les animaux de couleur noire souffraient d'une mauvaise réputation. Le chien noir, le corbeau, le mouton, sans parler du bouc, assimilé au démon dans les sabbats, n'avaient pas « bonne presse », comme nous dirions aujourd'hui. Le chat noir, il est vrai, est certainement, de tous les animaux, celui qui eut le plus à pâtir, et il paya de sa vie, dans bien des cas, ce cadeau douteux

Un bon repas… et c'est le moment du câlin !

Coll. C. Le Corre

Le racisme ordinaire : un genre d'illustration qui explique comment ont pu se propager certaines idées, inconsciemment, dès l'enfance.

que lui faisait la nature. Malheur aux pauvres matous noirs comme le charbon, qui n'arboraient pas, autour du cou, au moins une cravate de poils blancs : seul ce signe, qu'on nomma " doigt de Dieu ", ou encore " marque de l'ange ", pouvait sauver un chat noir d'une fin funeste sur le bûcher. Mais combien de chats noirs furent-ils massacrés… Ceci tendrait à expliquer pourquoi, de nos jours, les chats de gouttière au pelage totalement noir sont relativement plus rares que ceux qui portent des marques blanches.

Comment expliquer cette terreur du noir ? L'Église y est pour quelque chose, à travers des textes monastiques flétrissant le démon, qui est souvent appelé l'Éthiopien noir, ou même le « petit noir ». Pour comprendre les raisons de cette étrange dénomination, il faut se reporter dans l'Égypte pharaonique. La couleur noire y fut longtemps considérée comme celle du renouveau et de la résurrection, à travers le culte d'Osiris. Jusqu'à l'époque où une dynastie indigène

Ces chats noirs de toit aux yeux en sulfure sont plus sympathiques. A gauche, chat couché et à droite chat au gros dos (hauteur : 47 cm).

fut renversée par des envahisseurs éthiopiens, à la peau noire. Quand Psammétique II reprit le pouvoir, en 594 avant J.-C., il fit marteler les statues de ses prédécesseurs, et lança l'opprobre sur « l'Éthiopien noir », qui fut assimilé à Seth, divinité du mal, frère ennemi d'Osiris. Le noir devint donc synonyme du mal, et les religieux qui reprirent, au Moyen Âge, après les Pères de l'Église, les textes venus d'Égypte, firent que le noir devint en Occident couleur de la mort, du deuil et des ténèbres.

Entre la fin du IIIe et le début du IVe siècle, le christianisme va essaimer en Gaule, chassant les cultes païens. Les prêtresses des cultes d'Isis et des autres déesses lunaires deviennent soudain ce que l'on appelle, en tremblant, des sorcières. L'animal favori de ces femmes vivant au sein de la nature est bien sûr le chat. On se met à craindre le félin venu d'Orient, lui aussi, et dont les origines sentent le soufre : n'était-il pas un de ces dieux d'Égypte ? Bientôt, on va lui prêter des pouvoirs étranges. N'est-il pas capable de se diriger dans l'obscurité grâce à ses prunelles chargées d'éclairs phosphorescents ? Le chat noir va être le plus craint de tous. C'est à coup sûr un démon métamorphosé, qui a l'audace de moquer, par sa couleur, l'habit du prêtre. Toujours près de la cheminée, dans les masures, il accompagne donc les sorcières au sabbat.

Ci-dessus, carte de vœux réalisée avec du tissu et de la feutrine.
Ci-contre, chat à accrocher avec yeux en sulfure (longueur : 47 cm).

Très vite, cet animal qui fait peur et fascine en même temps est à la fois détesté et recherché. Ne dit-on pas qu'il assure la richesse de ceux qui l'hébergent ? En Provence, on l'appelle matagot, en Bretagne, chat d'argent. Un peu partout, le cérémonial est le même. Il suffit de placer près du chat qui dort, le soir, une petite bourse dans laquelle on glisse une pièce d'or. Puis, on chuchote à l'oreille du chat de faire son devoir. Le lendemain, la bourse est pleine de pièces de métal précieux. Il y eut, dans les campagnes, un fructueux commerce de chats d'argent. Une vieille femme de Belle-Isle-en-Terre en vendit un, à la fin du XIXe siècle, à un paysan crédule. Comme le chat ne produisait rien qui ressemblât à de l'or, le bonhomme fit un procès à la pourvoyeuse. Le tribunal condamna la femme à rembourser le prix du chat, sous prétexte qu'il était un chat d'argent improductif !

L'Eglise ne condamna ouvertement les chats noirs qu'à la suite de la bulle *Vox in Rama* (1233) du pape Grégoire IX. L'animal fut décrété d'essence diabolique, et quiconque en possédait pouvait être soupçonné d'être dans le camp du Malin. Au début du XIVe siècle, un évêque de Coventry, en Grande-Bretagne, faillit finir dans les flammes parce qu'il aimait trop les chats noirs. Pour mieux perdre les Templiers, on affirma qu'ils vénéraient une tête de chat en pierre noire appelée Baphomet. Bien des croyances funestes se mirent à toucher le chat noir, à ne surtout pas rencontrer, surtout s'il surgissait à votre gauche (*sinister*, en latin), chemin faisant. Que cela se passe à minuit ou en plein jour ne change rien à l'affaire. Jadis, les Normands qui sortaient pour traiter une affaire préféraient renoncer et rentrer chez eux si, d'aventure, ils apercevaient un chat noir chemin faisant.

Echappant à la malédiction, le chat noir devient l'un des porte- bonheur les plus recherchés.

Coll. R. Lagier

Gage d'amour ou mascotte de la loterie (broche émaillée sur son carton de présentation), le chat noir ne fait que des heureux.

Cette terreur du chat noir n'allait pas sans équivoque. Car le chat qui apportait de l'or pouvait aussi, disait-on, protéger ou guérir. D'où une foule d'horribles pratiques barbares, dites « médicales » : la peau d'un chat noir contre les rhumatismes, sa queue tranchée dont on suce le sang pour soigner les suites d'une mauvaise chute, sa cervelle que l'on mange pour jouir du don d'invisibilité et mille autres sornettes qui coûtèrent la vie à un nombre effarant d'animaux…

Si le chat noir assurait fortune et bien-être, la rumeur affirmait qu'il ne le faisait pas gratuitement. Compagnon des sorcières, démon déguisé, il exigeait en contrepartie l'âme du malheureux qui s'était assuré ses services.

Moncrif fut le premier à tenter de réhabiliter le chat noir dans son *Histoire des chats* (1727), s'exprimant en ces termes admiratifs : " Si jamais, Madame, il était établi de déterminer son choix à une seule espèce de chats, les noirs auraient, sans difficulté, la préférence. Les chats noirs sont ceux dont la nature a toujours été la plus avare ; elle semble ne nous en montrer quelquefois que pour nous prouver qu'elle a le secret d'en faire. " L'académicien ne fut pas immédiatement entendu. Au XIXe siècle, les romantiques, amis des chats, considérèrent encore le chat noir – voyez Edgar Poe – comme l'instrument d'une vengeance de l'au-delà. Puis vint le cabaret du Chat noir, à Montmartre. L'animal du diable devint symbole de la bohème, de la poésie et de la chanson. On se mit à l'aimer : il était grand temps !

Poisson d'avril

Le poisson, chacun le sait, outre le fait d'être un symbole christique, est aussi un porte-bonheur car il est la nourriture, l'abondance. D'où l'origine d'une tradition qui consiste à épingler un poisson de papier dans le dos des gens, une farce que les enfants trouvent particulièrement réjouissante.

Si le chat est lié au poisson, c'est par goût alimentaire ! Pour ce qui est des activités farceuses, il est tout de même possible d'en relever quelques-unes à travers l'Histoire. À la cour de Versailles, Louis XV et Marie Lecszynska furent les premiers souverains français à imposer la passion des chats. Les angoras de Turquie et les persans, marchandises de grand prix, avaient la faveur du souverain et de son épouse. Le roi chérissait particulièrement un angora blanc nommé Brillant, et il ne supportait pas qu'un courtisan agace son favori ; il entra ainsi dans une colère folle le jour où il surprit trois jeunes nobles occupés à faire danser Brillant. Ceci n'empêchait pas le Bien-Aimé de se livrer quant à lui à des farces d'un goût douteux. Apercevant le vieux duc de Noailles qui traversait lentement un des salons de Versailles, Louis XV s'approcha de lui sans bruit et lui pinça le dos tout en poussant un miaulement terrible. Le pauvre duc eut une telle peur qu'il s'écroula, victime d'une attaque…

Sur carte brodée (page précédente, en haut) ou illustrée, le chat tient compagnie au poisson farceur.

Plaisanterie féline plus innocente, celle à laquelle se livra Slippers, le chat du président américain Theodore Roosevelt, lors d'un dîner officiel à la Maison Blanche. Ce majestueux matou tigré célèbre pour sa polydactylie (il avait six doigts à chaque patte !) devait penser que cette particularité physique lui conférait des dons d'alpiniste. Il partit donc, certain soir, explorer les recoins de la galerie qui dominait la salle à manger de la Maison Blanche mais, à la suite d'une glissade imprévue, fit une chute qui s'acheva sur la table du banquet, pour la plus grande surprise du Président, de son épouse et de toute l'assemblée. Remis de ses émotions, Slippers fut la vedette de ce souper, chacun tenant à s'assurer que son vol plané lui avait coûté plus de peur que de mal !

Mais le type de farce favori des chats n'est-il pas de se montrer aux personnes qui ne supportent pas leur présence ? Parmi les plus célèbres ailurophobes (gens qui craignent ou détestent les chats) de l'Histoire, on compte Napoléon Bonaparte. Pendant l'une de ses campagnes, alors qu'il s'était retiré sous sa tente, l'Empereur se mit soudain à appeler son aide de camp en poussant des cris angoissés. L'aide de camp arriva armé… pour trouver l'homme qui faisait trembler toute l'Europe terrorisé par un petit chat qui s'était introduit dans le campement. À quoi tient parfois l'avenir d'une nation…

JEUX DE CHATS

Ne restent-ils pas toute leur vie des « enfants terribles » ?

Dès qu'un chaton commence à marcher et donc à prendre un peu d'indépendance, c'est-à-dire au bout de deux semaines, difficile pour lui de rester tranquille ; avec ses frères et sœurs, il va commencer à imaginer un à un tous les jeux possibles. Des jeux qui nous font sourire, mais ne nous y trompons pas : ces bonds, ces feintes, ces galopades et ces plongeons ne sont que les premières répétitions, maladroites et émouvantes, des futures chasses de nos amis les chats.

Jouer, pour le chat, est une question de survie, pour la bonne raison que ce que nous nommons jeu n'est que la mise en œuvre des activités de prédation. Même nés dans

La curiosité proverbiale du chat fait que tout objet devient pour lui source d'amusement… et de bêtises à faire !
À droite, un bronze de Vienne (2,2 cm, fabriqué par l'atelier Bermann).

un appartement d'une chatte qui mène, elle aussi, une vie « bourgeoise » de citadine et n'est pas en contact avec la nature, les chatons suivent les règles de ce qui leur permettrait, livrés à eux-mêmes, de traquer et de tuer des proies afin d'assurer leur survivance. Ainsi le veulent les gênes. Que ces activités aient un aspect ludique ne change rien à l'affaire. Le jeu n'est pas plus innocent que ce jeu humain inspiré de la gent féline, que nos ancêtres nommèrent « Chat perché », et qui consistait à l'origine, ni plus ni moins, à désigner la victime d'un sacrifice ! Voici donc nos turbulents chatons qui commencent par s'attaquer mutuellement, bondissant les uns sur les autres, tentant de se saisir par le cou, donnant des coups de patte, feintant pour mieux revenir sur leurs pas, cavalant de profil en arquant l'échine, sautant les quatre pattes ensemble sur leur victime ; aucun doute possible, c'est toute la stratégie guerrière du chat qui est en gestation. La nature a si bien fait les choses que le chat est, entre autres, « programmé » pour attraper un poisson, même s'il n'en rencontrera jamais un dans un cours d'eau, tout au long de sa vie : lorsque vous voyez votre chat recourber l'extrémité d'une patte antérieure pour faire sauter en l'air une boule de papier, il accomplit un geste qui lui

servirait, sur le terrain, à faire jaillir hors de l'eau le poisson de son déjeuner !
On comprend facilement pourquoi l'activité du jeu est si importante pour les chats qui passent le plus clair de leur temps dans un appartement. Elle est tout d'abord un dérivatif à l'ennui. Un chat laissé seul à la maison est tout à fait capable de jouer pour passer le temps. Puis, en l'absence de proies réelles, le petit fauve a besoin de voir si son système de défense et d'attaque fonctionne bien : d'où l'importance de toujours mettre à sa disposition ce qui lui permettra de s'entraîner. Quels sont les jouets et les jeux favoris des chats ? Souvent les accessoires les plus simples : une plume, une boule de papier attachée à une ficelle, une souris en peluche. À notre époque de « folie féline », toutes sortes de gadgets ont vu le jour, preuve s'il en fallait que le chat – ou ses propriétaires... – est définitivement entré dans l'ère de la société de consommation ! Quel chat d'aujourd'hui ne croule pas sous un monceau de jouets auxquels il s'intéresse plus ou moins, à la manière des enfants trop gâtés...
Mais, les jouets classiques ne se démodent pas pour autant : un chat est tout aussi excité de poursuivre un bout de journal froissé qu'une souris motorisée (!) : la sensation est pour lui

L'art de la pêche permet toutes les variations sur un sujet ô combien glissant...

la même ; il s'agit de traquer cette proie et de s'en saisir. Le guet est une phase importante dans la prédation. Aussi, un chat sera captivé par l'idée d'avoir à chercher une boule dans un espace incertain. Tentez l'expérience en cachant une ou deux balles de ping-pong à l'intérieur d'un carton dans lequel vous percerez plusieurs trous suffisamment larges pour que le chat puisse y passer la patte. Succès garanti ! Votre chat sera fasciné par cette traque difficile mais proche de certains schémas auxquels il peut être confronté dans ses activités de prédateur.

On aurait tort de croire que le chat se contente de jouer seul – comme il chasse également sans témoin dans la nature. Ce serait sous-estimer son sens de l'adaptation, et le fait qu'il nous considère comme des partenaires dignes de partager certaines de ses occupations. Bien des chats adorent qu'on les fasse jouer, et certains prennent l'habitude de venir solliciter leurs maîtres en apportant une souris en peluche ou une balle. L'invitation est claire : il s'agit de lancer l'objet, et

Quant au chat et à l'oiseau, il a notamment inspiré la célèbre artiste hollandaise Henriette Ronner-Knip (1821-1909), qui peignit et dessina de très nombreux chats.

HENRIETTE RONNER

TENTATION

Même les napperons brodés évoquent les mille et une sottises qu'un chat peut commettre dans un appartement. Ci-dessous, bibelot en porcelaine.

le chat peut alors courir après, jouant les gardiens de but… ou les chiens rapporteurs ! Comme quoi, les ressemblances entre les deux espèces sont plus nombreuses qu'on ne l'imagine au premier abord.

Outre le plaisir que nous éprouvons à voir le chat jouer avec nous, n'oublions pas non plus que nous lui faisons ainsi le plus grand bien : les chats sédentaires, qui n'ont pas la chance de profiter d'un jardin et qui se dépensent donc trop peu, ont de ce fait la possibilité de brûler des calories, et de perdre de l'embonpoint. Quant à nous, cette activité délassante a un effet non négligeable sur la tension nerveuse et le stress. Quoi de plus agréable que de se transformer un instant en chat et d'oublier responsabilités et inquiétudes ?

On ne sera pas surpris de voir que le chat, depuis fort longtemps, a inspiré à son tour bien des jeux à l'homme. Tout a commencé sur les bords du Nil où le chat, comme on le sait, fut vénéré deux mille ans avant l'ère chrétienne sous les traits de la déesse Bastet. Puisque cette dernière était la protectrice des enfants, on confectionnait pour les bambins des jouets articulés en bois à l'effigie de chats et de souris : les petits Égyptiens, après avoir regardé comment s'y prenaient les matous lorsqu'ils pourchassaient les rongeurs, n'avaient plus qu'à en faire autant avec leurs jouets !

Depuis, cette pratique ludique n'a fait que croître et embellir, tandis que les hommes, observant la manière dont les

chatons jouaient entre eux, imaginaient alors une adaptation de ces divertissements félins à l'usage des enfants. Il n'est pas une nation, une civilisation, un langage, qui ne connaissent au moins un jeu lié au chat. Les Italiens ont la *gatta cieca* (chatte aveugle), les Anglais, *tip-cat* et *cat in the hole* (chat dans le trou). Ce dernier jeu ressemble un peu à un sport britannique célèbre, le cricket. Au milieu d'un terrain, on creuse un trou où s'abrite le chat, muni d'une batte. Chacun essaie de lancer la balle dans le trou, tandis que le chat se débat comme un beau diable pour éviter cet outrage.
En matière de jeux, le chat est digne d'entrer dans le livre des records, alors que le chien n'en a pas inspiré un seul. Allez savoir pourquoi ! Chat ! Chat perché, le Chat et la Souris, Chat coupé (ce n'est pas une allusion à la castration, mais au fait qu'un joueur qui coupe le chemin d'un autre enfant poursuivi entraîne alors le chat à ses trousses) ou Chat malade (où le joueur qui poursuit garde une main à l'endroit du corps qui a été touché par le « chat » précédent) ; tous ces jeux insistent sur la poursuite et la chasse, comportements de base de la prédation féline. Le Chat et la Souris est bien sûr le jeu le plus connu des enfants. Un joueur incarnant le chat tente de briser une ronde afin de pénétrer dans un cercle où se réfugie la souris. Dans le jeu du Chat et du Rat, les deux enfants choisis ont les yeux bandés, et sont liés aux deux bouts d'une corde. Le rat tente de se déplacer en jouant de la scie musicale pour guider le chat qui, armé d'un bâton, doit parvenir à lui en asséner un coup. « Minet veut un coin », adaptation féline des bonnes vieilles « chaises musicales », est nettement plus paisible ! Quant au classique qu'est « Chat perché », il permet de développer l'habileté et la rapidité des participants, qui ont tout intérêt à faire preuve d'autant de vivacité et de pugnacité que les vrais chats !

La punition évoquée par ce bronze de Vienne ancien semble quelque peu démesurée par rapport aux bêtises accomplies… (bronze ancien, 4,2 cm).

Le chat et la guerre

Le chat, un animal patriote ?

Quand on le voit partir à la chasse au mulot ou qu'il guette un oiseau, on se dit que l'on n'aimerait pas tomber entre les griffes d'un chat, lorsqu'il est d'humeur belliqueuse. De là à imaginer le chat sur un champ de bataille, il n'y avait qu'un pas que certains ont – hélas – franchi…

En 1873, un écrivain militaire, le colonel Édouard de La Barre Duparcq, publia un petit ouvrage intitulé *Les Chats de guerre*, où il répertoriait les divers exploits (bien souvent involontaires) des chats au cœur des conflits qui opposèrent de tout temps les humains. Emporté par son sujet, le bouillant colonel allait jusqu'à prêter au félin domestique des talents dont on l'exempterait bien volontiers : « À coup sûr, le chat possède l'instinct, sinon la stratégie, au moins de la tactique et nul ne manœuvre avec plus d'art sur un champ de bataille », écrivait-il, tout en vantant l'agilité du chat qui retombe presque toujours sur ses pattes. « C'est là évidemment une grande aptitude guerrière, car cette particularité semble le mettre à l'abri d'une défaite, ou tout au moins l'empêche d'en souffrir autant que les autres animaux. »

Les Égyptiens vénéraient le chat, ce qui valut à l'animal le douteux privilège de se trouver pris en otage au milieu d'un conflit, vers 525 avant J.-C., lorsque Cambyse II, roi des Perses, fit le siège de la ville de Péluse (l'actuel Port-Saïd). Connaissant le respect superstitieux des Égyptiens pour l'animal tutélaire de la déesse Bastet, Cambyse fit enlever bon nombre de chats, ordonnant à ses soldats de les tenir

contre eux ou de les attacher sur leurs boucliers. Les Égyptiens, craignant de tuer les chats, préférèrent se rendre et c'est ainsi que Péluse fut prise.

Pour les Romains, chez qui le chat était considéré comme un génie protecteur, on verra plusieurs légions arborer sur leur enseigne ou leur étendard un chat – ou un demi-chat – toutes griffes dehors ; l'animal, au-delà de son rôle protecteur, exaltait la bravoure et l'ardeur au combat des légionnaires : ce fut le cas des *Felices seniores*, des *Ordinis Augustiis* et encore des *Qui Alpine Vocabuntur*.

Si le chat guerrier délaisse quelque peu les blasons des seigneurs du Moyen Âge (quoiqu'il apparaisse chez plusieurs familles patriciennes à travers l'Europe), il laisse des traces, dès cette époque, dans le vocabulaire militaire. Les artilleurs appelaient « chat » ou « chat d'arsenal » un « instrument dont on se sert pour examiner si les pièces de canon n'ont point de chambre ou de défaut ». Cette pièce de fer portant des griffes disposées en triangle fait depuis longtemps partie du passé, tout comme le « chat à feu », pièce d'artillerie du genre bombarde, et le « chat offensif », sorte de tour mobile que l'on approchait d'une muraille à laquelle on l'agrippait au moyen de griffes, et qui permettait aux soldats de monter à l'assaut d'une place fortifiée.

Au Moyen Âge, les chats furent utilisés pour veiller sur les corderies, afin de protéger des rats arcs et arbalètes. André Malraux racontait volontiers sa propre version du désastre que fut pour l'armée française la bataille d'Azincourt, où les

La Grande Guerre a fait du chat le symbole inattendu du poilu. Etrange ! Qui a jamais imaginé des chats obéissant aux ordres et marchant au pas ?

Les cartes illustrées faisaient du chat l'ambassadeur de la ténacité et de la victoire. Celui aussi du « repos du soldat allié ». En haut, à droite, une carte-souvenir pour soldat contenant des vues de Paris.

archers ne purent se servir de leurs arcs dont les cordes avaient été détendues par la pluie. En fait, disait le ministre, elles avaient probablement été grignotées par les rats, les Français n'ayant pas encore pris l'habitude, comme les Anglais, de former des capitaineries de chats pour veiller sur les armes…

Si le maréchal de Saxe détestait les chats, sous Louis XIV, le grand stratège que fut Vauban les tenait en haute estime. Un siècle plus tôt, à Strasbourg, un maître d'artillerie nommé Christophe de Hapsburg proposa au Conseil de créer de véritables chats de guerre, sur le dos desquels il voulait fixer un petit canon capable de tirer et de répandre des vapeurs nauséabondes et des poudres incendiaires. En passant à l'attaque, le chat, voyant qui plus est sa fourrure s'enflammer, devait déclencher la panique dans le camp ennemi…

Il semble que cette horrible machine de guerre animale n'ait pas été réalisée au XVIe siècle, et il faudra attendre le XXe siècle pour voir cette atrocité concrétisée. Lors de la guerre d'Indochine, les combattants du Viet-Minh attaquèrent certaines positions françaises en lançant par-dessus l'enceinte des torches incendiaires qui étaient en réalité des chats dont la queue, trempée dans l'essence, avait été allumée. Les malheureux animaux, fous de douleur, cherchaient alors à se cacher, pénétrant où ils pouvaient se faufiler, y compris dans les réserves de munitions, avec les conséquences que l'on imagine.

On serait tenté de dire, en comparaison, que les très nombreux chats (sans parler des chiens et des rats...) qui finirent à la casserole, lors de la Commune et pendant la guerre de 1870, connurent une fin moins abominable. Mais enfin... À la même époque, le département militaire suisse entretenait des chats affectés à la destruction des souris dans les magasins à blé, chats qui émargeaient chacun à dix centimes par jour. Lesdits chats – ils étaient trois –, ayant « fait la guerre » pendant cent quarante-huit jours, se retrouvèrent riches de quarante-quatre francs quarante. Si leurs maîtres les avaient placés à l'époque dans une banque locale, leurs descendants rouleraient sur l'or à l'heure qu'il est !

Les chats témoignent des désastres des bombardements et des privations de la Guerre de 1914-1918.

Coll. C. Le Corre

Protégeons les chats

Se préoccupera-t-on jamais assez du sort des chats, et des animaux en général ? Tous ceux qui sont impliqués dans cette lutte quotidienne contre la cruauté et l'indifférence savent qu'il s'agit d'un combat où la vigilance reste de mise. L'idée que le chat doit être protégé, médicalisé, stérilisé est somme toute assez récente, de même que les premières législations visant à la protection des bêtes, en Europe. Mais, avant l'ère du chat de compagnie, qu'en fut-il dans le passé ?

Abandon, suicide (sic) et mauvais traitement pour se venger de la concierge : le chat paie les pots cassés dans l'imagerie populaire.

Comme toujours, il faut en revenir à l'Égypte où le chat, considéré comme un animal sacré et une émanation de la déesse Bastet, avait droit au respect du peuple qui le nourrissait et l'hébergeait. On sait par Hérodote quel était le sort de toute personne attentant à l'existence d'un chat, même par maladresse : la mort. Des soldats romains furent lapidés pour avoir manqué au code édicté par la religion pharaonique. Seule entorse équivoque à cette protection dont les chats furent entourés, les meurtres rituels commis par les prêtres, qui sacrifiaient à Bastet certains de ses animaux tutélaires, sans doute pour fournir des ex-voto aux pèlerins, comme le prouvent les traces d'étirement des vertèbres cervicales détectées sur des momies félines trouvées à Saqqarah.

L'amitié des Égyptiens pour les chats connut une suite quand le pays devint musulman, ainsi que le rapportait au XIXe siècle l'égyptologue Prisse d'Avennes. Un sultan d'Égypte et de Syrie, El-Daher-Beybars, amoureux des chats, leur légua à sa mort – vers 1260 – le jardin de sa mosquée située près du Caire. Gheyt el-Qouttah (le verger du chat) permit d'accueillir tous les chats

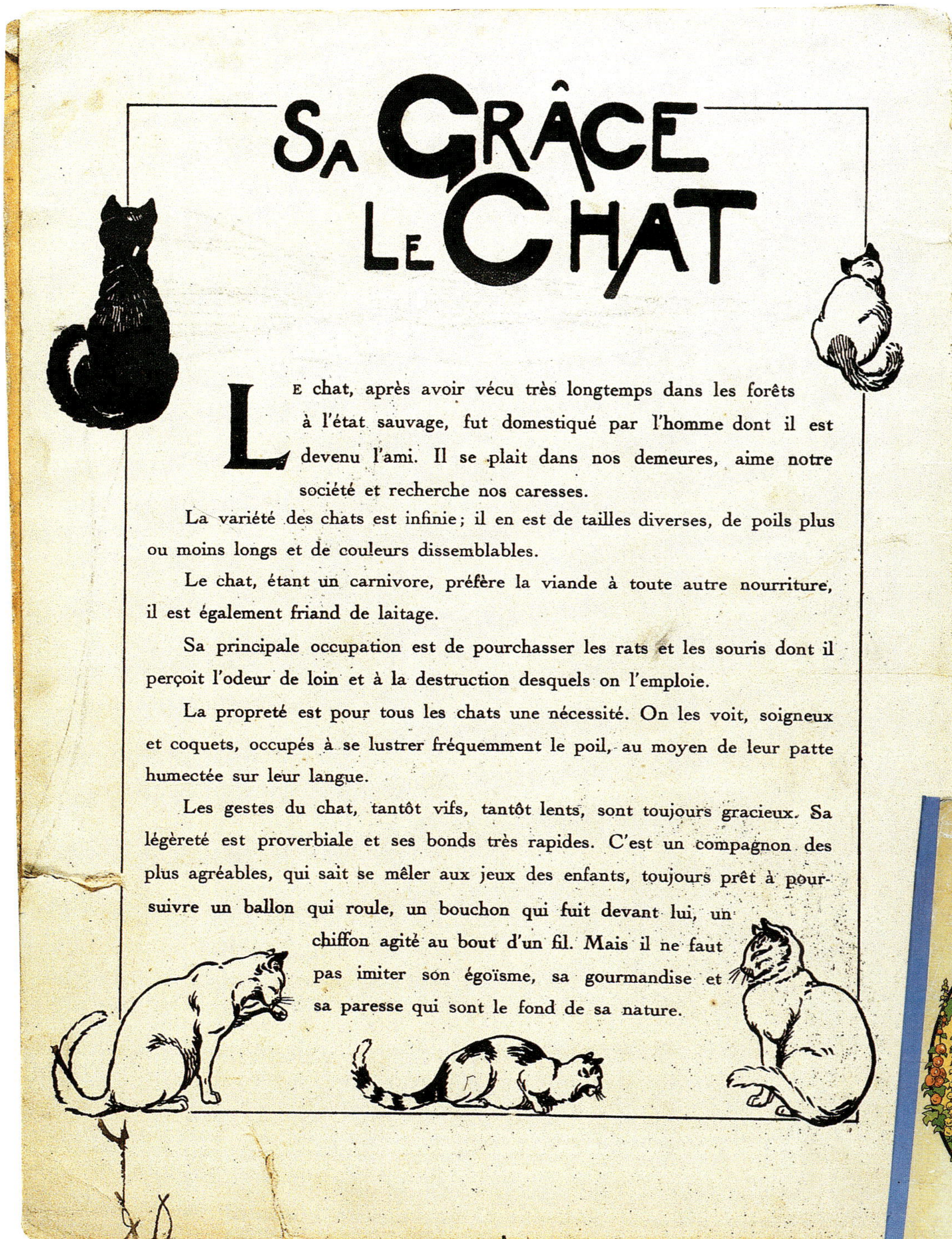

SA GRÂCE LE CHAT

Le chat, après avoir vécu très longtemps dans les forêts à l'état sauvage, fut domestiqué par l'homme dont il est devenu l'ami. Il se plaît dans nos demeures, aime notre société et recherche nos caresses.

La variété des chats est infinie ; il en est de tailles diverses, de poils plus ou moins longs et de couleurs dissemblables.

Le chat, étant un carnivore, préfère la viande à toute autre nourriture, il est également friand de laitage.

Sa principale occupation est de pourchasser les rats et les souris dont il perçoit l'odeur de loin et à la destruction desquels on l'emploie.

La propreté est pour tous les chats une nécessité. On les voit, soigneux et coquets, occupés à se lustrer fréquemment le poil, au moyen de leur patte humectée sur leur langue.

Les gestes du chat, tantôt vifs, tantôt lents, sont toujours gracieux. Sa légèreté est proverbiale et ses bonds très rapides. C'est un compagnon des plus agréables, qui sait se mêler aux jeux des enfants, toujours prêt à poursuivre un ballon qui roule, un bouchon qui fuit devant lui, un chiffon agité au bout d'un fil. Mais il ne faut pas imiter son égoïsme, sa gourmandise et sa paresse qui sont le fond de sa nature.

Parle-t-on du chat aux enfants ? L'auteur de ce petit ouvrage par ailleurs charmant n'a pu s'empêcher de glisser des remarques dépréciatives sur l'animal…

Mais il ne faut pas imiter son égoïsme, sa gourmandise et sa paresse qui sont le fond de sa nature.

abandonnés et affamés, et ce pendant plusieurs siècles. Prisse d'Avennes raconte également qu'une distribution de nourriture était faite journellement dans la cour du tribunal du Caire, et que vers l'heure de la prière, on voyait tous les chats des environs apparaître sur les toits et dans les ruelles, guettant la manne, et d'ajouter : « Quiconque veut se débarrasser de son chat va le perdre dans la cohue de cet étrange festin : j'y ai vu porter des couffes pleines de jeunes chats, au grand ennui des voisins. » Rien de neuf sous le soleil… En Europe, les moines irlandais furent probablement les premiers à chanter les mérites du chat, dès le VIIIe siècle, et à l'accueillir au sein de leurs monastères, mais c'est au pays de Galles que revient l'honneur d'avoir édicté la première loi visant à protéger le chat. Pour le prince Hywell Dda, dit Howel le Bon, il s'agissait avant tout d'éviter à l'animal de finir rapidement son existence sous forme de gibelotte

Le chat et quelques-uns de ses ennemis : le chasseur et les enfants inconscients ou méchants. Il semblerait que toutes les rancœurs accumulées au XIXe siècle contre les concierges d'immeuble aient eu pour exutoire les sévices faits à leur chat (page suivante : images d'Epinal).

ou de pièce de fourrure. Le souverain gallois, qui régna au Xe siècle, fixa donc dans son code la valeur du chat domestique, qui allait en augmentant lorsque l'animal était un bon prédateur de rongeurs, ainsi que les amendes à verser pour celui qui blessait, torturait ou tuait un chat. Le prix légal était de quatre pence, mais l'assassin de chat était lourdement taxé. « La valeur d'un chat qui est tué ou volé : la tête sera posée vers le bas sur un plancher propre et plat, la queue relevée, et ainsi suspendu, alors que du blé sera répandu autour du cadavre de façon que le bout de la queue soit recouvert ; et cela déterminera sa valeur. S'il n'y a pas de blé à disposition, une brebis et son agneau avec leur toison constitueront sa valeur, cela s'il s'agit d'un chat en charge de la grange du roi. »
Plus tard, les Malgaches prendront des dispositions légales assurant la protection du chat, allant jusqu'à punir de quinze jours de prison toute personne volant un chat, la peine étant réduite à cinq en cas de restitution de l'animal vivant.
Champfleury, dans son ouvrage intitulé *Les Chats* (1868), nous raconte qu'il existait en Italie, à Florence, une tradition d'hospitalité à l'égard des chats errants dans un cloître voisin de l'église de San Lorenzo, véritable « maison de refuge » pour les chats. « Lorsque quelqu'un ne peut ou ne veut conserver son chat, écrit Champfleury, il le conduit à cet établissement, où l'animal est nourri et traité avec humanité. De même, chacun est libre d'y aller choisir un chat à sa convenance ; il y en a de toute espèce et de toute couleur. C'est une des institutions curieuses que le passé a léguées à la ville de Florence. » Un véritable refuge

IMAGERIE PELLERIN

Mme DELALOGE ET SON CHAT

IMAGERIE D'EPINAL, N° 1085

Mme Delaloge, concierge, ne peut voir souffrir un animal sans être attendrie jusqu'aux larmes. Un jour, en passant sur le pont neuf, elle aperçoit une troupe de gamins prêts à jeter à l'eau un malheureux chat.

« Qu'allez-vous faire de cette pauvre créature du bon Dieu, petits dénaturés ? s'écrie-t-elle avec indignation. Tenez, voilà deux sous, donnez-moi cette malheureuse bête. »

Arrivée chez elle, la tendre femme pose doucement son petit chat près du feu, sur un coussin moëlleux, et se hâte de faire cuire du lait pour lui en faire boire par petites gorgées, car la pauvre bête paraît assez gravement indisposée.

Mme Delaloge ne tarda pas à être largement récompensée de ses soins par les gentilles caresses de Minette, qui est devenue la plus belle chatte du quartier.

Malheureusement la gentille Minette est un peu voleuse ; elle vient d'enlever une tranche de jambon à M. Saucissard, locataire du troisième, et M. Saucissard la poursuit avec sa canne.

Touche-la, ma Minette, et nous verrons ! s'écrie Mme Delaloge, en accourant au secours de son chat. Voilà-t-il pas quelque chose de bien précieux qu'un morceau de jambon à moitié pourri !

Je me vengerai de ta mauvaise tête, riposte M. Saucissard, si ce n'est pas aujourd'hui ce sera un autre jour ; tiens-toi bien pour avertie.

Mme Delaloge assemble aussitôt les concierges des environs, leur raconte que le vieux garçon du troisième a l'infamie de classer l'humanité en trois genres : le genre masculin, le genre féminin et le genre concierge. Ah, c'est affreux, qu'il descende le vieux grigou, il le paiera.

M. Saucissard ne descendit point ; mais, accoudé sur sa fenêtre, il s'amusait à écouter toutes ces braves femmes qui formaient contre lui les complots les plus extravagants possibles.

Le vieux garçon, revenant un peu tard à son domicile, tire le cordon de manière à l'arracher ; l'on n'ouvre pas... Il se voit forcé d'aller demander asile dans une maison garnie du voisinage.

En rentrant, le matin, il rencontre Mme Delaloge. « Tu le paieras plus cher que tu le penses, vieille mégère ! » dit-il, en lui faisant le poing.

Le même jour, Saucissard a acheté une magnifique volaille rôtie ; il la pose sur son buffet, et bientôt se montre au travers de la porte le nez barbu de la belle Minette.

Le vieux garçon ferme vivement la porte, et, saisissant la chatte dans ses bras, lui lie les quatre pattes, et s'approche de la fenêtre qui, précisément, se trouve au-dessus de l'entrée de la loge.

Un cri de suprême angoisse est poussé par la pauvre concierge. Tous les locataires se penchent à leurs fenêtres, et aperçoivent avec effroi la malheureuse chatte de Mme Delaloge qui se débat suspendue à une corde dont le vieux garçon retient fortement le bout.

Au meurtre ! à l'assassin ! répète la malheureuse Mme Delaloge, en cherchant à saisir sa pauvre Minette ; mais chaque fois qu'elle avance la main la corde se retire aussitôt, ce qui augmente encore la fureur et l'effroi de la sensible femme.

Oh, malheur ! tout à coup la corde se brise et la pauvre bête tombe lourdement sur son dos aux pieds de sa maîtresse éplorée. Ah ! le monstre, l'assassin. Il me semble que si j'étais juge je ferais couper le cou à un pareil scélérat.

Minette respire encore. Sa tendre bienfaitrice la prend sur ses genoux ; mais bientôt la pauvre chatte lève vers cette dernière un triste et doux regard ! Hélas, c'était le

Les concierges du voisinage accourent aux cris déchirants de Mme Delaloge ; toutes veulent aller arracher les yeux à l'odieux meurtrier.

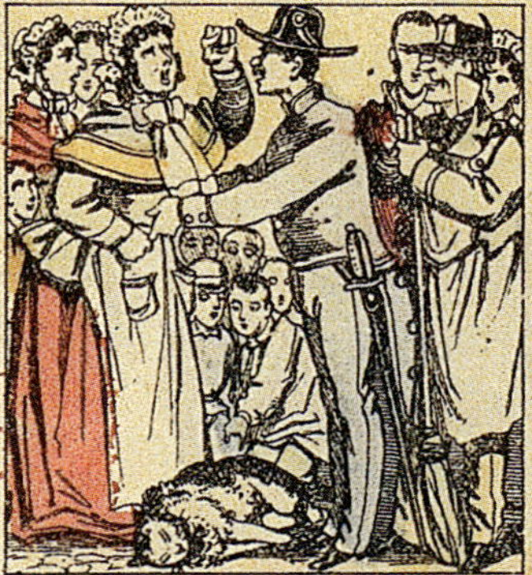

Un sergent de ville vient heureusement arrêter cette émeute. La justice a seul le droit de punir en pareille circonstance, dit-il, en s'adressant à Mme Delaloge. Faites

M. Saucissard est cité en police correctionnelle par sa concierge, et se voit condamné à cinquante francs d'amende au grand désespoir de son accusatrice qui s'atten-

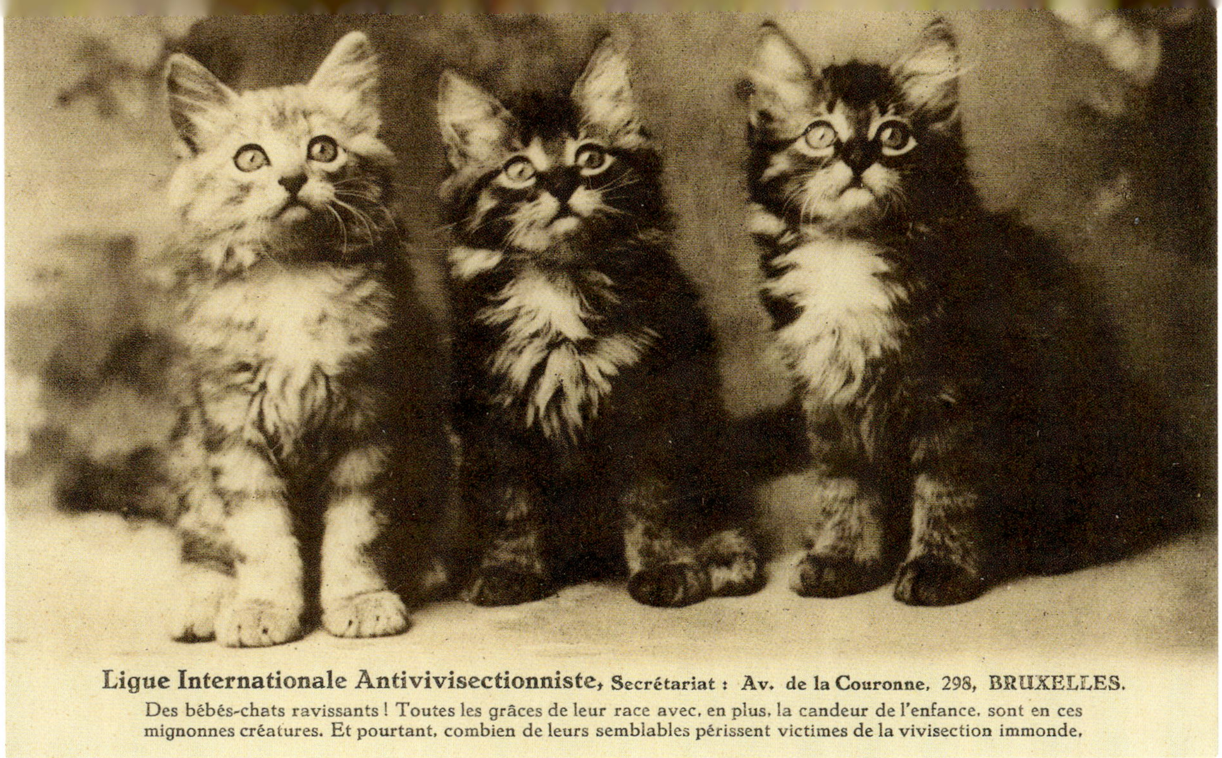

Un ensemble de cartes émises par la Ligue internationale antivivisectionniste, à Bruxelles, pour mettre en garde les possesseurs de chats contre les vols de chats en vue de trafics inavouables.

de la SPA avant l'heure, si l'on se fie à cette description ! Et l'auteur de nous affirmer qu'en Suisse, les Genevois montraient – dans cette seconde partie du XIXe siècle – une grande compassion pour les très nombreux chats errants qui déambulaient dans les rues et qu'ils nourrissaient.

On sait que les habitants de certaines villes où les chats sont légion, comme Istanbul, ont bien souvent protégé leurs animaux en assurant leur survie. Dans le cas de Venise, l'amitié – basée sur l'intérêt mutuel – est exemplaire, et date des débuts de l'expansion d'une cité bâtie sur l'eau, en proie à des hordes de rats et de souris. Les Vénitiens, comme nous l'avons vu, non contents d'entretenir leur population de chats indigènes, en rapportèrent de Constantinople, de Syrie, de Turquie, d'Égypte et d'Afrique du Nord pour lutter avec plus d'efficacité contre leurs hôtes importuns. Aujourd'hui, groupés au sein de l'association Dingo, les félinophiles vénitiens font en sorte que les chats de rue puissent vivre dans la rue sans trop souffrir de cette situation. Parmi les autres grandes villes d'Italie, Rome a su également protéger sa population de chats errants, qui ont naturellement trouvé refuge dans le dédale vert des monuments de la cité antique, où des générations de protectrices, que l'on appelle familièrement les *mamma gatti* (les « mamans-chats »), veillent depuis bien longtemps à assurer leur pitance.

Et la France ? Il exista certainement, ici ou là, des foyers de résistance en faveur des chats, même aux âges les plus noirs. Les premiers frémissements dans le sens de la protection, on les doit sans doute à des gestes exemplaires, comme celui de Louis XV abolissant l'odieuse cérémonie de la Saint-Jean, en place de Grève, où le roi de France devait allumer un bûcher dans lequel on jetait un sac de toile grouillant de chats vivants. L'ouvrage fameux de Moncrif, *Histoire des chats* (1727), fit également beaucoup pour la réhabilitation de l'espèce. Les idées des philosophes du siècle des Lumières débouchent en 1762 sur l'ouverture, à Lyon, de la première école vétérinaire, fondée par Claude Bourgelat ; 1765 verra l'ouverture de l'école de Maisons-Alfort. Jusqu'au XVIIIe siècle, l'idée de se pencher sur la

santé des espèces animales ne rencontrait que mépris et incompréhension : la religion chrétienne n'enseigne-t-elle pas que le chat, le chien, la vache, le cheval ou l'âne n'ont pas d'âme ? Nombreux sont ceux qui affirment que les animaux ne ressentent pas la souffrance, et Descartes ne voit en eux que des machines vivantes. Une douzaine d'années avant l'ouverture de l'école vétérinaire de Lyon, un tel projet avait été évoqué à l'Académie médicale de Berlin, provoquant l'indignation d'un savant qui s'écria : « On ne saurait demander à des professeurs de fouiller dans la charogne des animaux. »

Le fait que l'animal doit être étudié, comme l'homme, afin d'être soigné, est tout à fait nouveau. Cette vision humaniste aboutira en 1845 à la création de la Société protectrice des animaux, dont les travaux favorisent le vote, en 1850, à l'Assemblée nationale, de la loi Grammont, sanctionnant pour la première fois d'une amende ou d'un emprisonnement quiconque aurait fait subir un mauvais traitement à un animal domestique. Il s'agit avant tout des chevaux, particulièrement maltraités dans les grandes villes. Pour les chats, il faudra encore attendre. La Grande-Bretagne avait précédé la France dans ce domaine, et bientôt, dans toute l'Europe, à la même époque, les législations vont évoluer en ce sens. Ce n'est qu'un début, car l'idée de la protection animale va se heurter à beaucoup d'incompréhension. La voix de grands écrivains comme Victor Hugo (qui prend parti pour les animaux dans son œuvre et à l'Assemblée nationale), Jules Michelet, Théophile Gautier, Champfleury ou Émile Zola fera énormément pour modifier les mentalités, contrebalançant certaines idées reçues comme celle d'un Alphonse Toussenel qui incite ses contemporains, dans *L'Esprit des bêtes* (1858), ouvrage qui a, hélas, de nombreux lecteurs, à massacrer les chats à coup de fusil,

Coll. Ronan Danrec.

Que reproche-t-on parfois au chat ? D'être trop gâté (l'assiette en bas à droite est intitulée « le plus choyé des locataires »).

pour la simple raison qu'ils disputent le gibier aux chasseurs et sont « un vice de gens d'esprit dégoûté » ! On ne dira jamais assez le rôle joué par les poètes, romanciers, artistes du XIXe siècle dans la réhabilitation du chat, tout comme celle des hygiénistes, comme Pasteur, qui n'hésita pas à déclarer que le chat était un animal propre, qui avait sa place dans les habitations. Préoccupée par le sort des chats (et des chiens) depuis sa création, la SPA se bat pour imposer leur défense : on accuse volontiers les protecteurs des petits animaux familiers de trop de sensibilité – et ce mot cache mal celui de sensiblerie avec lequel on brocarde facilement les amis des chats. La Commune et la guerre de 1870 seront des moments difficiles, avec la famine et la misère qu'elles engendrent, pour les chats. Le premier refuge pour chats abandonnés de la SPA ouvre ses portes à Paris en 1881 ; ils se multiplieront à travers la France dans les années qui suivront. Le XIXe siècle verra les progrès de la législation, en matière de protection des animaux et de sanctions pour quiconque les maltraite. Une Déclaration universelle des droits de l'animal sera proclamée en 1978 sous l'égide de l'Unesco.

La perfection n'étant toujours pas de ce monde, comment ne pas achever ce chapitre en méditant cette pensée de saint Thomas d'Aquin : « Celui qui est habitué à la pitié envers les animaux est d'autant plus disposé à la pitié envers les hommes. »

Page suivante : l'imagerie Pellerin d'Epinal vante la fidélité du chat capable de se laisser mourir de chagrin.

From your little bit of fluff!
Le chéri de la maison.

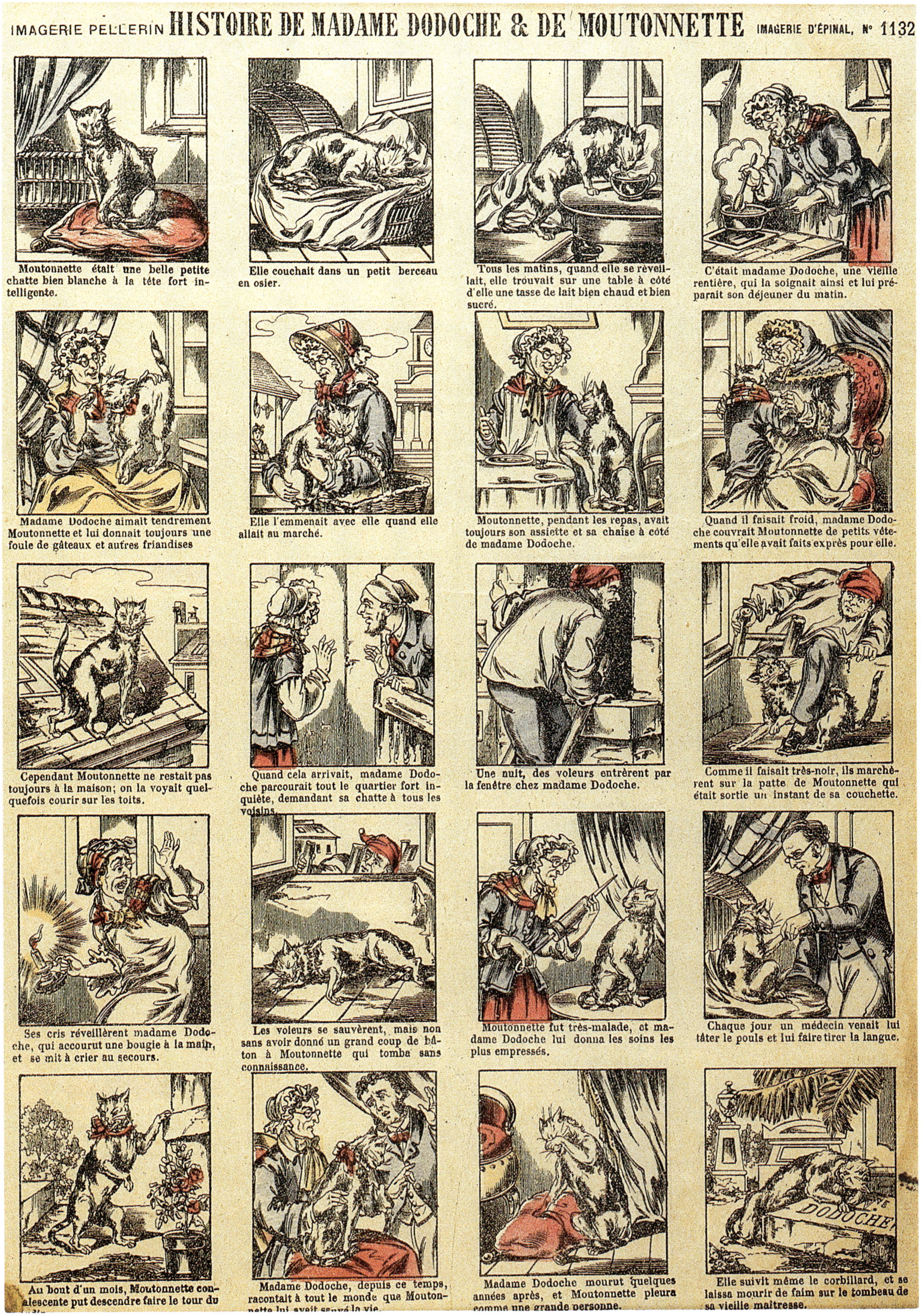
IMAGERIE PELLERIN
HISTOIRE DE MADAME DODOCHE & DE MOUTONNETTE
IMAGERIE D'ÉPINAL, N° 1132
Moutonnette était une belle petite chatte bien blanche à la tête fort intelligente.
Elle couchait dans un petit berceau en osier.
Tous les matins, quand elle se réveillait, elle trouvait sur une table à côté d'elle une tasse de lait bien chaud et bien sucré.
C'était madame Dodoche, une vieille rentière, qui la soignait ainsi et lui préparait son déjeuner du matin.
Madame Dodoche aimait tendrement Moutonnette et lui donnait toujours une foule de gâteaux et autres friandises
Elle l'emmenait avec elle quand elle allait au marché.
Moutonnette, pendant les repas, avait toujours son assiette et sa chaise à côté de madame Dodoche.
Quand il faisait froid, madame Dodoche couvrait Moutonnette de petits vêtements qu'elle avait faits exprès pour elle.
Cependant Moutonnette ne restait pas toujours à la maison; on la voyait quelquefois courir sur les toits.
Quand cela arrivait, madame Dodoche parcourait tout le quartier fort inquiète, demandant sa chatte à tous les voisins.
Une nuit, des voleurs entrèrent par la fenêtre chez madame Dodoche.
Comme il faisait très-noir, ils marchèrent sur la patte de Moutonnette qui était sortie un instant de sa couchette.
Ses cris réveillèrent madame Dodoche, qui accourut une bougie à la main, et se mit à crier au secours.
Les voleurs se sauvèrent, mais non sans avoir donné un grand coup de bâton à Moutonnette qui tomba sans connaissance.
Moutonnette fut très-malade, et madame Dodoche lui donna les soins les plus empressés.
Chaque jour un médecin venait lui tâter le pouls et lui faire tirer la langue.
DODOCHE
Au bout d'un mois, Moutonnette convalescente put descendre faire le tour du
Madame Dodoche, depuis ce temps, racontait à tout le monde que Moutonnette lui avait sauvé la vie.
Madame Dodoche mourut quelques années après, et Moutonnette pleura comme une grande personne.
Elle suivit même le corbillard, et se laissa mourir de faim sur le tombeau de sa vieille maîtresse.

GOURMAND COMME UN CHAT

Est-il aussi gourmand qu'on veut bien le dire ? Les spécialistes du comportement félin vous l'affirmeront : le chat est plus sensible à la main qui le caresse qu'à celle qui le nourrit. Il n'empêche qu'une bonne pâtée crée des liens, qui attachent le chat à une ou plusieurs personnes, ainsi qu'au lieu où vit l'animal.
Jadis, lorsqu'un chat arrivait dans une maison, c'était l'occasion d'une cérémonie qui peut prêter à sourire, mais qui semble avoir fait ses preuves pour s'attacher la présence d'un chat dans une demeure. Le point central de la ferme ou de la maison était la cheminée, autour de laquelle la famille des paysans ou des ouvriers

À boire ou à manger : les chatons sont prêts à tout pour se servir ! Ci-dessus : pichet à lait dont l'anse est en forme de chat.

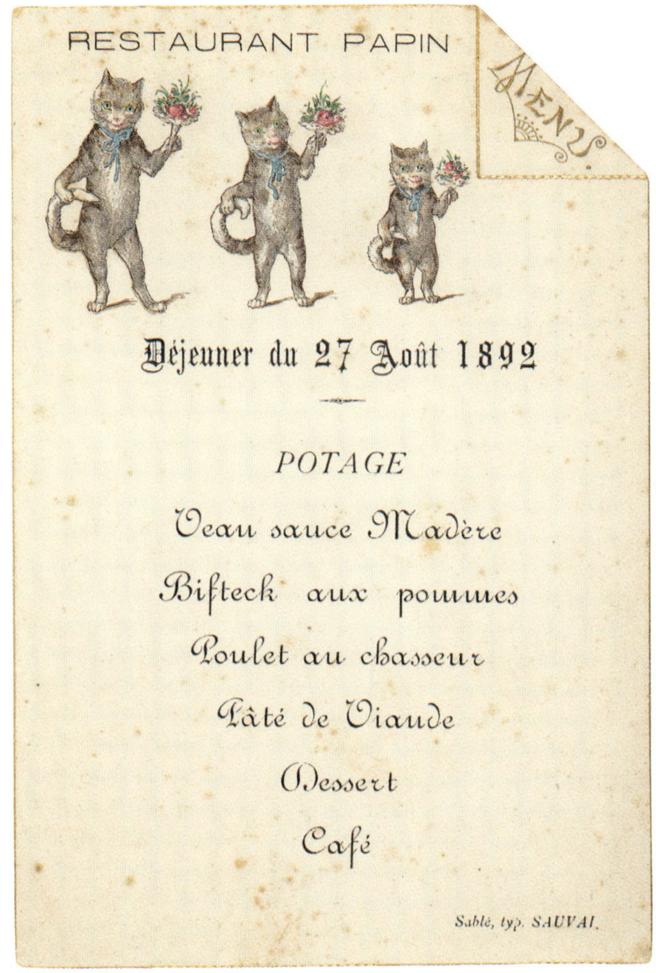

On s'en lèche les babines rien qu'en feuilletant le menu....

se réunissait pour se réchauffer, bavarder, prendre les repas, en particulier la soupe, cuite au-dessus du feu dans un chaudron suspendu à la crémaillère. Le maître du logis « présentait » donc le chat nouvellement arrivé dans la maison à la cheminée. Ces présentations variaient d'une région à l'autre, mais on observe une similitude dans cette coutume des rites d'attachement.

Dès le XVe siècle, les *Évangiles des Quenouilles*, sorte de grimoire à l'usage des familles, recommandent aux paysans et aux villageois de porter leur chat devant la cheminée, puis de lui faire faire trois fois le tour de la crémaillère. Ensuite, il suffit de frotter les pattes de l'animal contre le mur de la cheminée, et il ne quittera plus la maison.

Cette « technique » va vite se perfectionner. Un peu partout, on observe les trois tours autour de cette crémaillère à laquelle on suspend la marmite où va bouillonner la soupe de légumes et de viande, mais dans la région de Liège, par exemple, on conseille vivement de frotter le dessous des pattes du chat avec du saindoux, avant de lui faire gratter le contrecœur. En Gironde, ce grattage a un sens précis : on oblige le matou à tracer le signe de la croix, histoire d'éviter – sait-on jamais ? – une métamorphose diabolique intempestive !

Le lait fut longtemps considéré comme l'aliment de base des chats.

Il est amusant de constater que dans les régions de production laitière, comme les Deux-Sèvres et la Normandie, le rite d'attachement du chat à la cheminée fait appel à la richesse du terroir. C'est de bon beurre que l'on enduit les pattes du chat, devant l'âtre. Ensuite, on lâche l'animal qui file s'installer dans le lieu de son choix, à l'intérieur de la demeure, pour se lécher les pattes. Ainsi, il comprend aussitôt d'où provient sa nourriture.

Désormais, le chat aura droit à sa place devant le feu qui réchauffe, et devant lequel il passera de longues heures à rêver et à attendre qu'on lui offre sa pâtée, lorsqu'il ne sera pas occupé à chasser dehors. Que demandait-on aux chats dans nos maisons campagnardes ? De veiller sur les humains, pendant la nuit. On sait que les paysans étaient très frappés par cet animal qui s'éveillait alors que tout le monde s'apprêtait à aller dormir. Alors, on pouvait songer, dans son sommeil, à des moissons importantes ou à une bonne vente de bestiaux, puisque le chat empêchait les mauvais esprits de venir s'asseoir sur votre poitrine, de vous couper la respiration et de vous plonger dans les plus noirs cauchemars. Le chat protégeait des lutins nocturnes, qui venaient également agacer les chevaux et les vaches dans les étables. Les paysans respectaient

Des deux, qui est l'enfant ? La petite fille qui joue à la maman ou la minette qui joue les enfants sages ?

le chat et son étrangeté, car ils lui prêtaient aussi des connaissances troublantes : les chats de la maison savaient si un membre de la famille allait disparaître. Si un chat refusait de dormir sur le lit d'un malade, il était grand temps de quérir le curé du village, car il était déjà trop tard pour le médecin, et le chat ne se trompait jamais. De même, quand un chat mourait dans une ferme, son décès annonçait immanquablement un deuil. On comprend aisément comment le chat, à la fois respecté et craint, a pu engendrer au cours des siècles passés de telles réactions d'adulation et de haine.

Depuis le XIXe siècle, époque où le chat s'installe vraiment en égal dans les maisons, la table de salle à manger remplace progressivement le coin de la cheminée. Notre compagnon comprend très vite ce qui se passe et cherche à s'en approcher. Parfois avec succès, comme en témoigne l'écrivain romantique qui fut

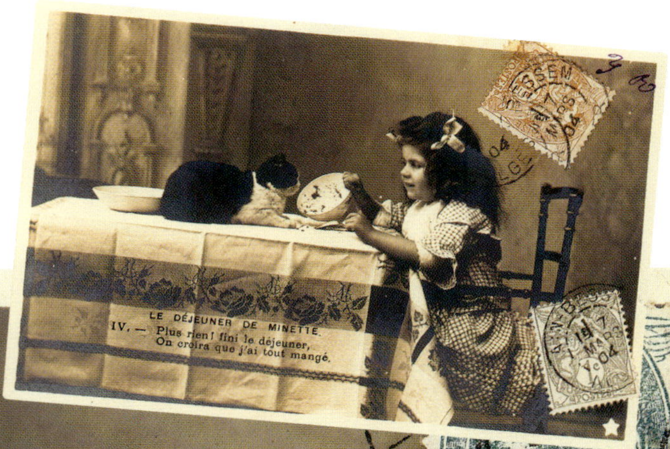

sans doute le plus proche des chats, Théophile Gautier. Dans le petit livre qu'il intitula *Ménagerie intime* (1860), où il évoque le souvenir de tous les chats qui partagèrent sa vie, l'auteur du *Capitaine Fracasse* raconte comment sa chatte favorite, Éponine, a été élevée à la dignité de personne. « Cette dignité lui confère le droit de manger à table comme une personne et non dans un coin, à terre, dans une soucoupe comme une bête. Éponine a donc sa chaise à côté de nous au déjeuner et au dîner ; mais vu sa taille, on lui a concédé de poser sur le bord de la table ses deux pattes de devant. Elle a son couvert, sans fourchette ni cuiller, mais avec son verre. Elle suit tout le dîner, plat par plat, depuis la soupe jusqu'au dessert, attend toujours d'être servie et se comporte avec une décence et une sagesse qu'on souhaiterait à beaucoup d'enfants.

Au premier tintement de cloche elle arrive ; et quand on entre dans la salle à manger on la trouve déjà à son poste, debout sur sa chaise et les pattes appuyées au rebord de la nappe, qui nous présente son petit front à baiser, comme une demoiselle bien élevée et d'une politesse affectueuse envers les parents et les gens âgés.

Le poisson lui cause une espèce de délire et, comme les enfants qu'enivre l'espoir du dessert, quelquefois elle rechigne à manger sa soupe. [...] Alors, on ne la sert pas, et on lui dit d'un air froid : "Mademoiselle, une personne qui n'a pas faim pour la soupe, ne doit

Bronze de Vienne (4,8 cm, fabriqué par l'atelier Bermann).

Combien sommes-nous à laisser nos chats participer de près aux repas familiaux ? Nombreux, si l'on en croît les sondages ! Bronzes, pots à biscuit, boîtes et pichets, le chat se devait d'inspirer les accessoires de la table.

Coll. R. Lagier

pas avoir faim pour le poisson" et le plat lui passe impitoyablement sous le nez. Bien convaincue que la chose est sérieuse, la gourmande Éponine avale son potage en toute hâte, lèche la dernière goutte de bouillon, nettoie la moindre miette de pain ou de pâte d'Italie, puis elle se retourne vers nous et regarde d'un air fier, comme quelqu'un qui est désormais sans reproche, ayant accompli consciencieusement son devoir. On lui délivre sa part, qu'elle expédie avec les signes d'une satisfaction extrême ; puis, ayant tâté de tous les plats, elle termine en buvant le tiers d'un verre d'eau.

Que préfère le chat : cuisiner ou se servir ? Un rare carreau de faïence hollandais (ci-contre), des boîtes alimentaires, une salière et un pichet en barbotine pour une cuisine « féline ».

Quand nous avons quelques personnes à dîner, Éponine, sans avoir vu les convives, sait qu'il y aura du monde ce soir-là. Elle regarde à sa place, et s'il y a près de son assiette : couteau, cuiller et fourchette, elle décampe aussitôt et va se poser sur un tabouret de piano qui est son refuge en ces occasions. »

Quel prodigieux sens de l'adaptation possède donc le chat ! Et jusqu'où peut aller l'anthropomorphisme… On sent dans ce texte de Gautier que s'ouvre l'ère de l'animal de compagnie. La passion à l'égard des chats va parfois fort loin. Certains humains peuvent considérer comme un abus de « gourmandise » de voir la fortune sourire aux chats, quand leurs maîtres en font leurs héritiers. C'est parfois la porte ouverte à de véritables drames familiaux, et l'histoire fourmille de témoignages de cette sorte.

Mademoiselle Dupuy, célèbre harpiste au temps de Louis XIV, disait devoir son talent à la vigilance de son chat qui l'écoutait jouer avec attention et manifestait son mécontentement quand sa maîtresse n'atteignait pas la perfection. « C'est mon juge le plus impitoyable », confiait-elle. Moncrif, dans son *Histoire des chats*, raconte : « À sa mort, elle voulut donner à son chat une marque convenable de reconnaissance ; elle fit un testament en sa faveur ; elle lui légua une habitation très agréable à la ville, et une à la campagne. Elle y joignit un revenu plus que suffisant pour satisfaire

à ses besoins et à ses goûts ; et afin que ce bien-être lui fût fidèlement procuré, elle légua en même temps à plusieurs personnes de mérite des pensions considérables, à condition qu'elles veilleraient sur les revenus de cet aimable légataire, et qu'elles iraient une quantité de fois marquées par semaine lui tenir compagnie. » Coypel exécuta une gravure représentant Mademoiselle Dupuy, à l'article de la mort, son chat dans ses bras, dictant son fameux testament. Est-il besoin de préciser que la famille de l'artiste prodigue attaqua et contesta le bien-fondé de la donation ?

Dans les pays anglo-saxons, où les chats ont toujours été idolâtrés, les histoires d'héritages fabuleux sont presque monnaie courante. On vit en 1864 lord Chesterfield léguer cent mille livres à sa chatte bien-aimée, tandis qu'une cousine du roi Edward VII, la princesse de Schleswig-Holstein, prit de son vivant la précaution de faire édifier, dans le parc du château de Windsor, un pavillon pour abriter ses vingt-six chats. Cette construction nommée Seymour Lodge existe-t-elle toujours ? Ou est-elle squattée par les corgis royaux ? *That is the question* !

Canif en métal doré, porte-couteau en métal argenté et pot à moutarde.

En 1969, une Anglaise, Miss Agatha Higgins, laissa à son chat tigré Joseph toutes ses économies, soit trois cent soixante-neuf livres, assorties d'un compte en banque à son nom ! Enfin presque, puisque c'est la femme de ménage qui fut chargée de tirer chaque semaine l'argent nécessaire à l'entretien et à l'alimentation de l'heureux élu, ceci jusqu'à la fin de ses jours. Tibb, le chat de lady Harriet Cuffart, hérita lui aussi d'une confortable pension annuelle. Les clauses du testament spécifiaient que la fortune de la dame irait à sa fille seulement après le décès du matou. L'histoire ne précise pas si le chat cousu d'or fut ou non victime de tentatives d'assassinat : une vraie trame de roman pour Patricia Highsmith…

Parfois, le cadeau fait au chat frise la démence. On vit ainsi aux États-Unis un négociant laisser à son chat la jouissance d'un immeuble entier représentant une véritable fortune, sous la garde d'une gouvernante chargée de veiller à son bien-être…

Certains humains – envieux, naturellement – n'hésitent pas à se rebeller en voyant l'argent leur passer sous le nez et revenir à des animaux. Au début du XXe siècle, en Autriche, les héritiers potentiels d'un commerçant qui avait légué tout son bien à ses douze chats attaquèrent le testament : ils furent déboutés, et les félins croquèrent en toute quiétude les imposantes économies du brave homme !

Pour éviter toute contestation, il est souvent plus simple de léguer sa fortune à une association de protection animale. C'est ce que fit une riche veuve anglaise, Mrs. Dorothy Walker, qui offrit à la RSPCA (Royal Society for the Protection of Cruelty to Animals) deux millions sept cent mille livres, à condition que l'on continue à veiller sur sa chatte Pussy. Autant dire que la minette noire fut royalement traitée, tout comme les chats confiés, cette même année 1988, par une autre

veuve et une vieille demoiselle. Les minets possédaient un « trousseau » des plus affriolants : respectivement vingt et un et trente millions de francs de rentes !
En France, Paul Léautaud, écrivain misanthrope qui chérissait les chats par-dessus tout, décida de léguer les droits d'auteur de ses œuvres littéraires à la SPA – une manière élégante de rendre à ceux qui furent les compagnons de son existence solitaire le bonheur qu'ils lui avaient apporté. Parmi les donateurs célèbres, il faut bien sûr citer la duchesse de Windsor, grande amie des chiens et des animaux en général, qui offrit une partie de sa fortune à la même association.
Comment ne pas être ému devant l'aventure de Marcelle et Lucien Bourdon ? Ces deux marchands de tableaux parisiens collectionnèrent leur vie durant les peintres d'avant-garde, avec une sûreté de goût qui leur fit choisir uniquement les plus grands artistes : Derain, Van Dongen, Vlaminck, Picabia, Modigliani, Dubuffet et bien d'autres. En dehors de la peinture, les Bourdon n'ont eu qu'une autre passion : celle des chats. C'est pourquoi ils ont voulu vendre, de leur vivant, leur prestigieuse collection. L'essentiel des cinq cent quatre-vingt-six millions de francs obtenus fut offert, sans tambour ni trompette, à la SPA. Qui a dit que les bonnes fées n'existaient pas, au royaume des chats ?
Toujours dans le domaine de la peinture, Leonor Fini fut certainement l'artiste du XXe siècle la plus passionnée par la gent féline. Dans les trois étages qu'elle occupait, à Paris, près de la place des Victoires, une vingtaine de chats vécurent toujours à ses côtés. Leonor Fini dormait, prenait ses repas, peignait, créait en compagnie de ceux qu'elle appelait ses « petits anges » ; avant de disparaître, en 1996, celle qui sut si bien fixer la beauté féline sur de nombreuses toiles avait exigé de ses héritiers que son atelier ne soit vendu que le jour où le dernier de ses chats aurait quitté ce monde. Sa volonté fut respectée, et les chats de Leonor Fini continuèrent leur existence dans l'atmosphère qu'ils avaient toujours connue, sous le regard des toiles de l'artiste.

L'ENFANT N'EUT PAS PRIS SON CHOCOLAT.

Le service « chat » est complet !

VICTIME DES HOMMES

Un humour qu'il est permis de ne pas goûter…

Si l'homme est un loup pour l'homme, il est également capable d'être un ogre pour le chat. La fameuse chanson enfantine (mais quel enfant peut-il l'entendre sans frémir ?) de la Mère Michel résume à elle seule les affres par lesquelles ont pu passer les chats à travers les siècles, victimes de la cruauté humaine, et des lois de la nécessité, en période de disette ou de guerre…

Sans vouloir répertorier – ce serait trop pénible – les épisodes fâcheux que subirent bien des chats anonymes, certains faits valent d'être gardés en mémoire. « Si dans une quelconque auberge, on vous sert du lapin, demandez à voir aussi la tête » : ce conseil judicieux, c'est Alexandre Dumas, grand gastronome s'il en fut, qui le donnait à ses amis au XIXe siècle ! Il est vrai que le lapin et le chat sont un peu « cousins », sur le plan de la morphologie, et que l'on ne saurait être trop prudent…

Sous le règne de Louis XIII, le cardinal de Richelieu se fit remarquer pour son amour des chats. Le Premier ministre du roi de France en hébergeait toujours une

bonne douzaine dans une chatterie qu'il avait fait aménager dans ses appartements du palais du Louvre. Ces favoris ronronnants portaient les noms les plus fantaisistes : Pyrame, Thysbé, Racan, Soumise, Felimare, Gazette, Perruque, ou encore – chose cocasse pour un homme d'Église – Lucifer ; ce dernier était, comme on aurait pu s'en douter, un chat noir ! Ce qui tendrait à prouver que Richelieu ne tenait aucun compte des superstitions…

Le Cardinal, lorsqu'il donnait audience ou tenait conseil, était toujours accompagné de l'un ou l'autre de ses chats qui jouait dans les plis de sa robe et, au moindre signe d'indisposition d'un des animaux, Richelieu mandait aussitôt son médecin personnel pour le faire soigner. Le Cardinal aimait tant ses chats, qu'il se soucia de leur futur, après sa disparition. Il prit soin de laisser par testament, à chacun d'entre eux, une pension de quinze à vingt livres, tandis que deux de ses serviteurs, Abel et Teyssandier, se voyaient remettre tous deux cent cinquante livres pour continuer à s'occuper de ces chats adorés. Hélas ! l'homme politique rusé

Les chats ont payé leur tribut à la disette ; ces cartes en sont le reflet. Tout comme l'histoire de la mère Michel, qui apitoie seulement le dessinateur montmartrois Poulbot (en bas à droite).

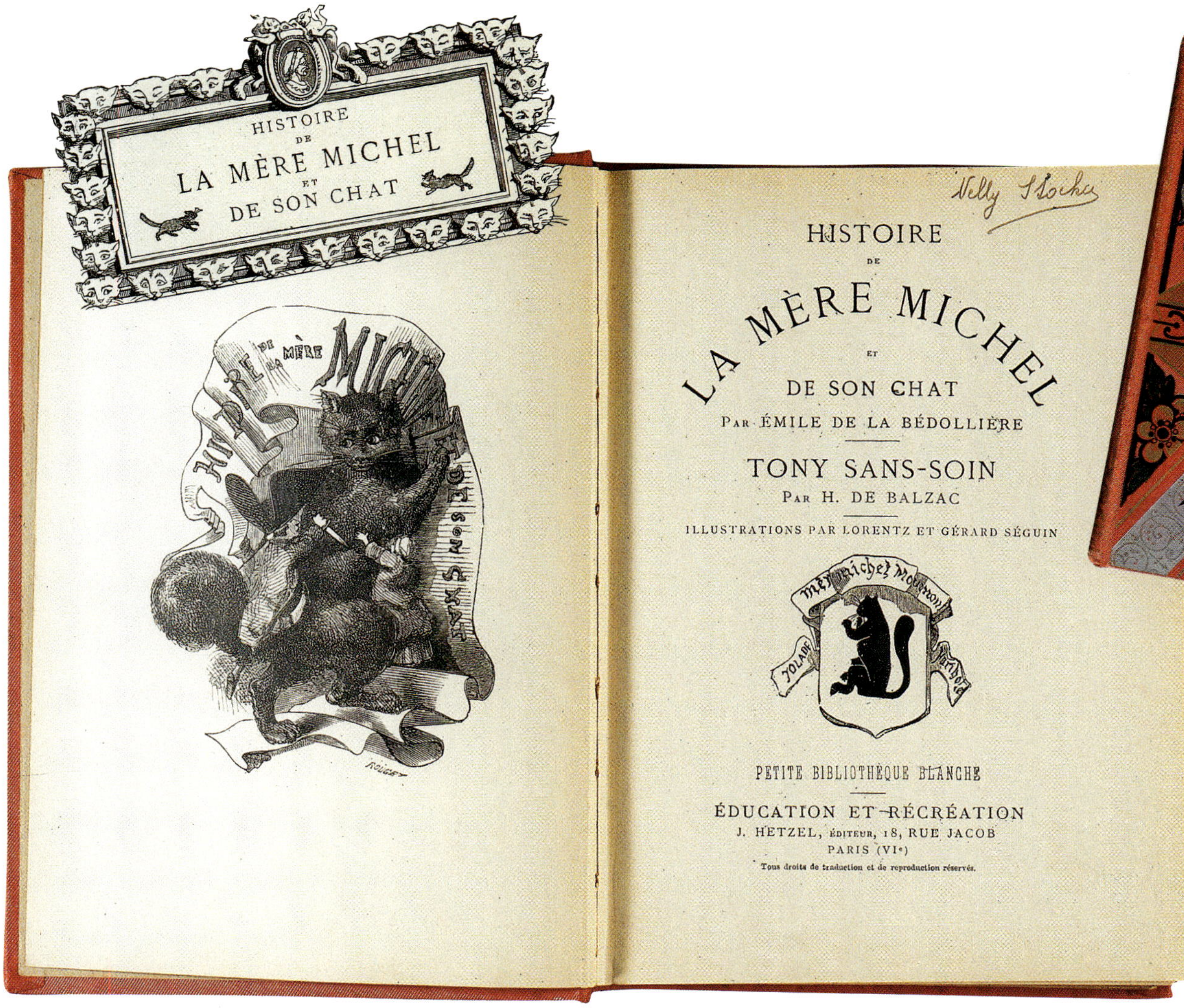

La mère Michel a-t-elle existé ? Certains exégètes n'hésitent pas à l'affirmer. Pris au premier degré, le récit - et la chanson - sont le reflet d'une cruauté vis-à-vis des animaux qui, hélas, a toujours été pour sa part une réalité. En haut : ouvrage ancien du célèbre éditeur Hetzel.

qu'était Richelieu ne prévit pas la réaction cruelle de certains de ses gardes. Exaspérés par les soins et le luxe dont avaient bénéficié les chats du vivant de leur maître, ils firent irruption dans la chatterie et massacrèrent les malheureux chats qu'ils confièrent à une auberge voisine, dont on dit qu'elle s'appelait « À la bonne gibelotte », ou encore « Au boudin généreux », afin qu'ils y soient cuisinés à leur intention. Une triste fin pour des chats qui devaient entrer dans la légende.

Si, en Italie, les habitants de la région de Vicence ont été surnommés « *mangia gatti* » (mangeurs de chats) par les autres habitants de la Vénétie, c'est hélas ! qu'il y a un fond de vérité dans l'accusation, comme en témoignent même certaines recettes qui circulent encore. En revanche, il ne faut pas trembler, à Venise, de voir figurer sur un menu les « spaghetti du chat » ; la vie de l'animal n'est pas en jeu, mais il s'agit au contraire d'une préparation culinaire qui a tout pour l'inciter à se lécher les babines et à tenter de dérober le contenu des assiettes : il s'agit de spaghetti parfumés à la tomate, à l'huile d'olive, à l'ail et au persil, dans lesquels on verse une généreuse portion de moules… De quoi faire saliver les matous, et leurs maîtres !

Et la Mère Michel dans tout cela ? Cette chanson populaire, qui a dû voir le jour au détour des XVIIIe et XIXe siècles, a excité la curiosité de nombreux exégètes. Certains affirment qu'elle s'inspire d'une histoire réelle. Ce drame se serait déroulé lors du siège de Saint-Malo par les Anglais. Une habitante de la ville se nommait bel et bien la Mère Michel, et elle possédait un chat nommé Griffon. Pendant les combats, un boulet ennemi serait tombé sur sa demeure, causant la mort du matou. Après l'hypothèse historique, celle-ci, plus triviale : on y apprend qu'un voisin de la Mère Michel, le Père Lustucru

ET DE SON CHAT. 11

rent les bourreaux en libérateurs ; le chat faillit être étouffé par ceux qui se disputaient l'honneur de le recueillir sain et sauf. Enfin une espèce d'Hercule terrassa ses rivaux, s'empara du chat et le présenta à demi mort à la comtesse.

« C'est bien, dit-elle, tenez, mon brave homme, voici la récompense promise. »

Elle lui donna un louis d'or tout neuf, qui sortait de la Monnaie ; puis elle ajouta : « Débarrassez ce pauvre animal de son incommode fardeau. »

Pendant que l'espèce d'Hercule obéissait, madame de

Hoc jacet in tumulo, multis virtutibus ingens,
Illustri feles Moumouth nomine notus,
Deliciæ dominæ, necnon Michaelis amores,
Quam Lustucrutus, infernis ejectus ab antris,
Fluctibus, arsenico, voluit baculoque necare.
At Deus omnipotens solio vigilabat ab alto.
Insontis vindex, hostem prostravit iniquum ;
Moumouthusque simul, post aspera fata triumphans,
Felicem auspiciis vitam decurrit amœnis.
Siste gradum, lacrymas nec tu compesce, viator !
Eheu ! sequanica feles requiescit in ora,
Insignis quondam, sed nunc cinis atque favilla.

(celui-là même de la chanson), lorgnant ce matou particulièrement dodu, l'aurait subtilisé afin de le transformer en civet pour sa délectation personnelle. Faut-il voir dans la complainte de la Mère Michel le reflet d'une « zoophagie » attestée dans le passé, ou bien, plus malicieusement, et sur un plan de métaphore érotique, les cris de désespoir d'une matrone vieillissante se désespérant de la perte de sa féminité ?

LE CHAT ET L'ENFANT

« Le chat, animal préféré par la nourrice, est le premier être animé qui frappe les oreilles de l'enfance. À des mélodies d'un rythme particulier le chat est associé ; c'est avec un petit drame naïf où l'animal joue le rôle principal qu'on berce l'enfant. L'enfant s'endort avec un profil fantastique de chat fixé dans le cerveau. » C'est ce qu'écrit Champfleury dans *Les Chats* (1868), avant de composer un florilège de ces comptines et berceuses où le chat occupe la place d'honneur ; le chat, et pas le chien, ce qui peut paraître surprenant, mais c'est ainsi.

En haut à gauche : la complicité entre le chat et l'enfant est émouvante. Pour faire des économies, quoi de plus fiable qu'une tirelire en forme de chat ? Celle-ci est en plâtre peint.

« ABC,
Le chat est allé
Dans la neige ; en se retournant
Il avait les souliers tout blancs. »

Au moins, Champfleury détruit les vieilles croyances superstitieuses affirmant jadis que les chats grimpaient dans les berceaux pour étouffer les bébés. Le chat ne veut certes pas de mal à l'enfant, mais il peut être attiré par un couffin ou un berceau recouvert d'une chaude couverture et vouloir s'y blottir. Le poids d'un chat dépasse souvent celui d'un nourrisson… Donc, une règle d'or : jamais de chat dans une pièce où bébé dort. Pour l'enfant, le chat a une vertu d'apparition. Une peluche qui s'animerait pour apporter douceur, affection,

Pour s'endormir et faire de beaux rêves, la compagnie d'un chat est ce qu'un enfant peut trouver de plus doux.

compréhension et consolation. Combien d'enfants racontent-ils à leur chat ce qu'ils n'osent ou ne veulent confier à leurs parents ? Pour tant de petits, l'arrivée d'un animal de compagnie est une véritable fête. Surtout quand elle prend des allures de conte de Noël…

Cela se passait dans un village de campagne. L'hiver s'annonçait particulièrement rigoureux, cette année-là. Quelques jours avant Noël, le ciel s'était soudain obscurci, comme si un orage allait éclater. Puis, dans le silence de la campagne, la neige s'était mise à tomber en abondance. Tout d'abord, les ruelles du petit bourg retentirent de rires et de cris d'enfants qui se poursuivaient à coups de boules de neige. Les flocons, drus et blancs, continuaient inlassablement leur chute, avec une lenteur obstinée. Bientôt, l'épais tapis neigeux étouffa tous les sons, tandis que la couche montait, montait, cachant les voitures, parant les arbres de givre, transformant le paysage en un décor irréel, où le temps semblait s'être arrêté. Pour les villageois, il n'était plus question de se rendre à la ville voisine. Au train où allaient les choses, la bourgade serait complètement isolée, coupée du monde, pour Noël.

Petit visage blanc et pâle scrutant l'étendue de neige vierge, l'enfant malade passait de longues heures à la fenêtre. Tout d'abord, il avait versé quelques larmes de ne pouvoir aller jouer avec les autres. Mais, quand le jardin de la propriété disparut entièrement sous le manteau immaculé, il prit soudain son mal en patience. Une sorte de fièvre joyeuse, sans aucun rapport avec celle qui l'avait terrassé des semaines auparavant, gagna son

L'arrivée d'un chat dans
un foyer est toujours
une affaire importante.
Même si, ici, le chaton
fait preuve de plus de
spontanéité que la fillette !

COLIS POSTAL

COLIS POSTAL
Qu'il est gentil
Amitiés à tous

cœur, rendant à ses joues une légère teinte rosée. Au fond de lui-même, l'enfant comprit qu'il allait se passer quelque chose de très important, de très mystérieux. Serein, il attendait.

Comme il semblait aller un tout petit peu mieux, ses parents lui permirent, bien emmitouflé dans des couvertures, de jeter par la fenêtre des graines aux oiseaux. Dès lors, ce fut pour lui un émerveillement constant que de voir la ronde des mésanges, des roitelets, des sansonnets et des rouges-gorges posant délicatement leurs pattes dans la neige pour venir picorer. Avant que le soleil ne se couche, l'enfant avait encore eu le temps de relever les empreintes de chaque espèce, se détachant de la neige aux cristaux étincelants.

Cette nuit-là, chacun se préparait pour la messe de minuit et le réveillon. L'enfant était encore trop malade, et il lui fallut se résigner à aller au lit. Demain, lui promirent ses parents en échangeant des regards désolés, tout irait mieux. L'enfant resta étrangement calme, comme s'il voulait éviter à son père et sa mère une tristesse supplémentaire. Il se coucha, et s'endormit très vite. Dans le rêve qui le submergea aussitôt, il se voyait courir dans la neige du jardin, joyeux de découvrir des traces de pattes de nouveaux visiteurs ailés. Surprise ! Parmi toutes ces empreintes, il reconnut le cheminement de plus grosses pattes rondes, se dirigeant vers la maison. Un lièvre ? Non, il ne bondissait pas, mais

Faire-valoir ou esclave consentant, tel est le chat sur certaines cartes postales anciennes.

Sur cette assiette, il faut deviner où se cache le chat. À droite, la gauloiserie ne perd jamais ses droits quand on appelle un chat un chat…

avançait posément. Était-il possible que ce fût un chat ? Dans son sommeil, l'enfant sourit. Il désirait tant avoir la compagnie d'un chat…
Quand sonnèrent les cloches de l'église, le matin de Noël, l'enfant s'habilla le plus rapidement qu'il pût, et se précipita à la fenêtre d'où il observait chaque jour le jardin. La neige tombait à présent avec une telle violence qu'il dut coller son nez au carreau pour tenter de voir dehors. Son cœur battait la chamade. Il sentait une présence dans la tourmente. Alors, rassemblant ses forces, plein d'appréhension, l'enfant ouvrit brusquement la porte-fenêtre. La bourrasque glaciale le fit battre en retraite vers le milieu de la pièce, chancelant comme sous un coup. Ce fut comme si un paquet de neige était projeté sur lui ; une boule de givre étincelante roula sur le parquet, pour atterrir à ses pieds. Cela s'ébroua, lança mille flocons en tous sens, poussa un cri plaintif, tandis que l'enfant réalisait qu'un animal se trouvait devant lui.
Le chat, surgi de sa carapace de neige, encore tout étourdi, vint aussitôt se frotter contre les jambes de l'enfant, réclamant des caresses et de la nourriture. Et dans un éclair de joie aveuglante, celui-ci comprit que la maladie l'avait quitté et que Noël lui avait amené un ami.

Le rêve est une chose, la réalité une autre, et il est difficile d'évoquer le cadeau que peut et doit être l'arrivée d'un chat dans un foyer où il y a des enfants, et le fait que ce cadeau est d'un genre particulier. C'est une créature vivante qui arrive chez vous, avec ses besoins. Le chat n'est pas un jouet, il occupe une place à part entière dans la maisonnée, il aura besoin d'un minimum vital pour s'épanouir, du respect de ses habitudes (nourriture, sommeil, jeu, etc.), qu'il faudra se soucier de sa santé, de son bien-être, l'accepter avec son caractère parfois capricieux. L'adoption, on ne le dira jamais assez, implique une responsabilité : celle de s'occuper du chat jusqu'à la fin de sa vie, qui peut durer entre quinze et vingt ans. Ce dernier point, en particulier, peut faire réfléchir, et montre qu'il ne faut vraiment pas s'engager à la légère : un « cadeau » dont on ne se lasse pas pendant si longtemps, cela ne court pas les rues ! Pour la bonne

Une complicité qui se passe de mots.

raison que ça n'en est pas un : adopter un animal, c'est accomplir un geste d'amour, de compassion, se sentir solidaire de la détresse animale. Ce qui est tout à fait différent. L'animal est confiant : à nous de ne pas décevoir cette confiance.

Outre la responsabilité, il ne faut pas se cacher la face quand on aborde l'aspect matériel de la présence d'un animal à la maison. Il représente un budget non négligeable : nourriture, produits d'hygiène, soins vétérinaires ; mieux vaut faire ses comptes avant, afin d'être certain de pouvoir assumer cette charge. Les futurs adoptants doivent comprendre la psychologie de leur nouveau compagnon, et savoir qu'un chat peut parfois causer de petits désagréments (griffages, traces de pattes, marquage urinaire…) et qu'on ne l'abandonne pas au moment des vacances… Bien sûr, toute cette prise de conscience touche avant tout les parents qui offrent un chat à leurs enfants. Mais, il est bon de transmettre cet enseignement aux enfants, dès qu'ils sont en mesure de comprendre, et de prendre à leur tour une part de la responsabilité de ce compagnon qu'ils aiment.

Le chat représente certaines contraintes, mais combien de bonheur aussi ! Les bienfaits qu'il apporte aux jeunes enfants sont immenses : développement de la communication non verbale, valorisation personnelle, responsabilisation, sans parler de l'aide immense ressentie par les jeunes en proie à des problèmes psychologiques et même psychiatriques. Le chat, c'est une part de nature sauvage et de rêve qui entre dans la maison.

L'enfant vit et rêve au rythme de certaines fêtes, et Noël est certainement celle qui stimule le plus son imagination. Dans les semaines qui précèdent, on fête la Saint-Nicolas, le 6 décembre, et la tradition veut que la crèche apparaisse dans la maison cette nuit-là. La crèche met en scène la nativité du Christ dans un contexte rural. Dans les fermes abritant les personnages, les santonniers

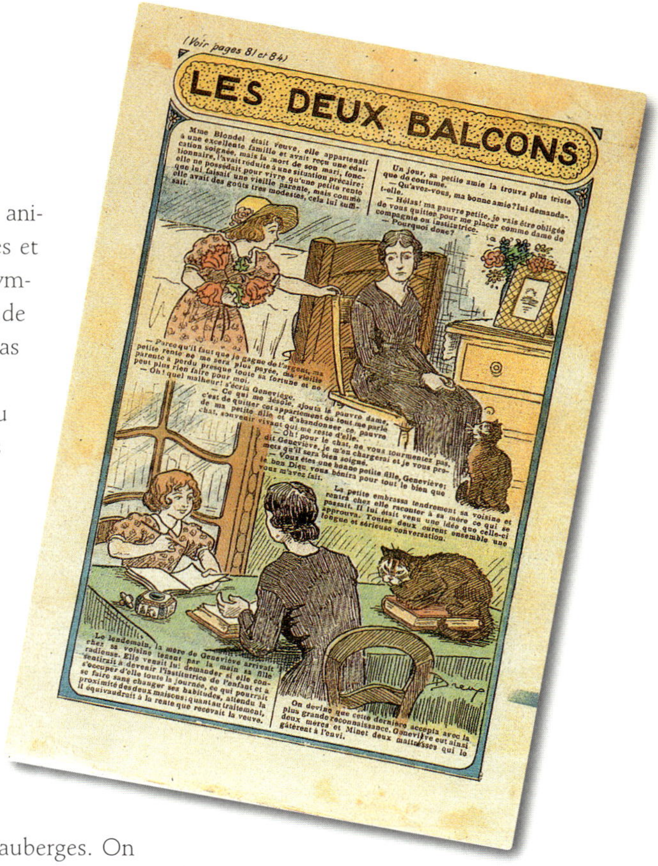

provençaux se sont appliqués à reproduire à l'échelle tous les animaux de la basse-cour : chiens, vaches, ânes et brebis, poules et coqs, pintades, oies, canards et colombes. Même le cochon, symbole de la prospérité campagnarde, est là. Mais, il y a peu de temps encore, les enfants s'étonnaient et se désolaient de ne pas voir leur ami le chat. Les santonniers l'avaient mis à l'index. Pourtant, jadis, Léonard de Vinci avait dessiné une Madone au chat, et on peut voir dans la cathédrale de Saint-Omer, dans le Nord, un haut-relief d'albâtre du XVIIe siècle appelé la Vierge au chat, où un chat bien paisible veille aux pieds de Marie qui donne le sein à l'Enfant Jésus emmailloté. Les raisons de cette absence de la crèche ? Probablement l'héritage du Moyen Âge : c'était un peu comme si l'on avait placé le diable dans le décor ! Puis, d'après d'autres sources, le chat s'étant rendu coupable de dévorer des oiseaux, il n'était pas le bienvenu. Les santonniers provençaux, sans doute poussés par la demande, ont fini par rejoindre leurs confrères napolitains qui, pour leur part, ont placé dès le XVIe siècle dans leurs *presepi* (crèches, en italien) des chats qui déambulent au cœur des auberges. On trouve désormais chez nous des chats santons blancs, tigrés et même noirs ! La fin d'une injustice qui devait frapper bien des enfants et leur a certainement fait un immense plaisir.

Le chat fait une incursion dans le mélodrame, avec ce récit, Les Deux balcons, *publié dans un magazine pour fillettes, où l'on voit un chat rapprocher deux familles à la suite d'un deuil.*

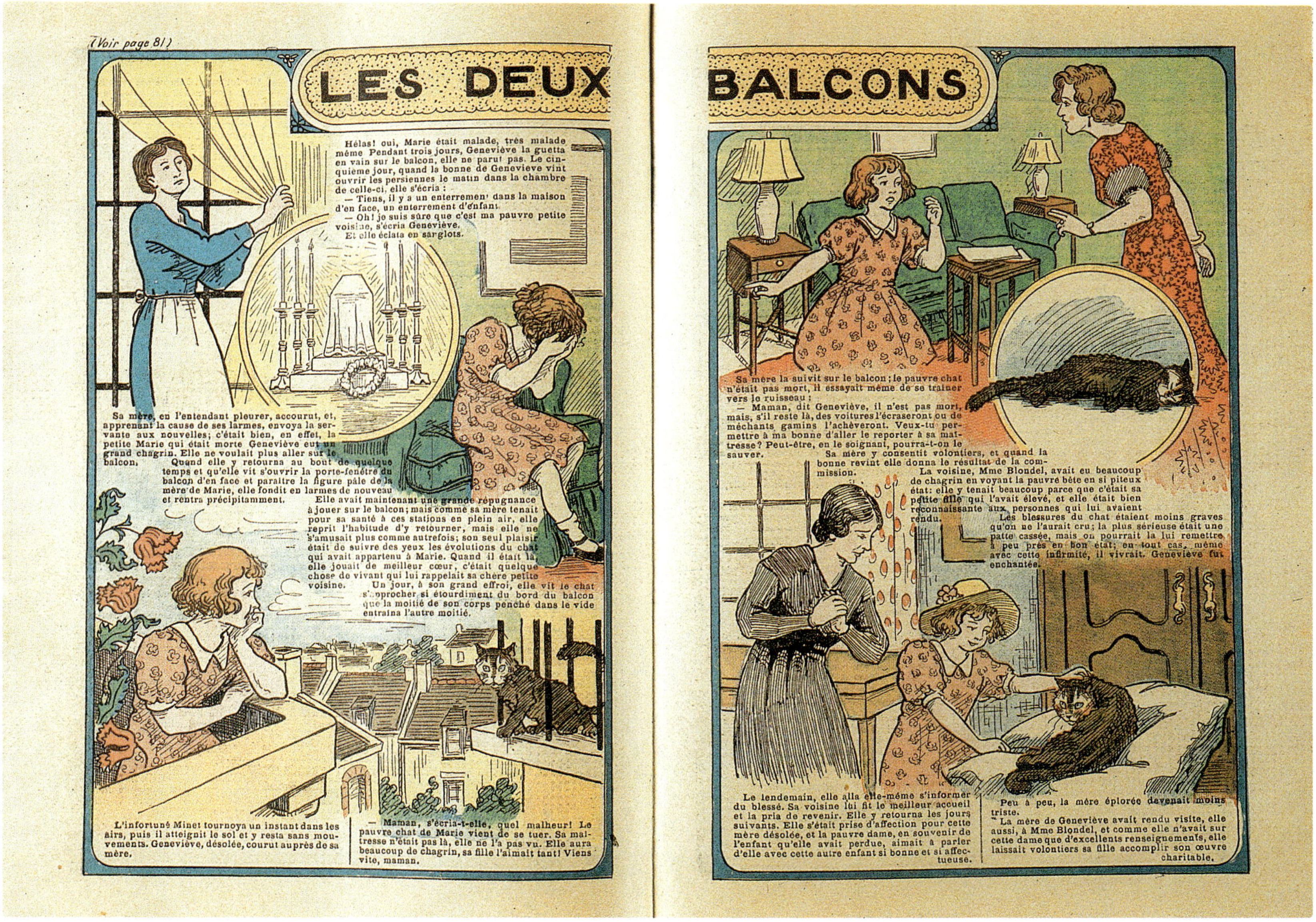

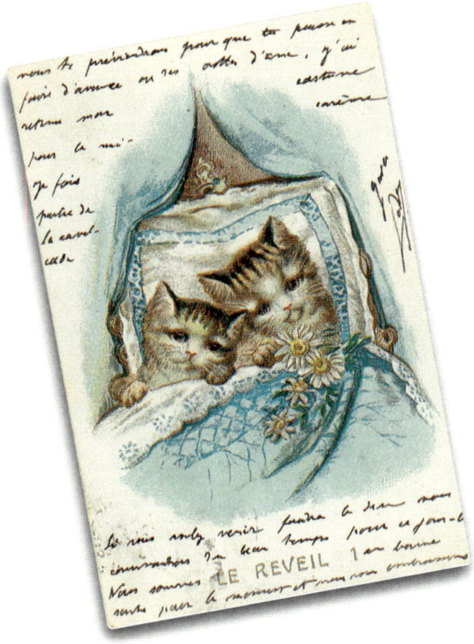

NEUF VIES !

En les regardant, on serait tenté de chanter, avec Maurice Chevalier : « Quand on est deux, ce n'est pas la même chose »…

Notre ami le chat a une supériorité incontestable sur les autres animaux, si l'on en croit la rumeur, puisqu'il détient le privilège d'avoir neuf existences à sa disposition. Un trésor appréciable, chacun en conviendra ! À utiliser avec modération, bien sûr, mais voici tout de même une drôle de légende dont on peut à juste titre se demander d'où elle peut bien venir. Et ce n'est pas si simple…

Incontestablement, le chat aime la vie. Il suffit de voir avec quelle volupté il jouit de certaines situations agréables – une sieste au soleil, un bon repas, un câlin sur les genoux de l'un de ses maîtres – pour en être persuadé. Et que je ronronne, et que je lance mes pattes en tous sens, et que je t'adresse des regards énamourés, bouche entrouverte, petit bout de langue rose dépassant entre deux rangs de crocs immaculés ! Oh oui, le chat aime cette existence, et il s'y attache avec force.

Donc, un chat a neuf vies à son actif. C'est une croyance qui a toujours fleuri dans les campagnes, et qui subsiste encore de nos jours, contribuant à envelopper l'animal dans une aura de mystère. Que le chat soit enclin à se réincarner satisfait l'imagination de toutes celles et tous ceux qui en ont fait une créature

Au détour du XIXe et du XXe siècle, les cartes illustrées jouaient sans arrière-pensée le jeu de l'anthropomorphisme.

quelque peu magique et douée de pouvoirs surnaturels. On ne prête qu'aux riches, après tout, et Dieu sait que le chat nous fait sans cesse nous interroger, tant il est capable d'accomplir les actions les plus étranges et troublantes.
Alors, d'où vient donc cette réputation de longévité et de pérennité ?
On sait que le chat possède une ahurissante résistance à la douleur et aux maladies. Les protecteurs le savent bien, et nous avons toutes et tous connu des chats de rue qui s'accrochaient à l'existence malgré la dureté implacable de leur destin de déshérités. Le fait de faire avec un tel courage le dos rond devant les difficultés de la vie suffit-il à avoir fait naître cette légende ? Il y a sûrement contribué.
À la campagne, les paysans s'attachaient plus ou moins, jadis, aux chats présents avant tout pour les débarrasser des rongeurs. Autant dire que ces minets et minettes utilitaires ne jouissaient pas souvent du statut enviable (pas toujours, hélas, comme le prouvent les abandons…) d'animaux de compagnie. Ces chats qui dormaient dans les granges ou à la belle étoile, et menaient l'existence précaire de chats entiers tributaires des maternités répétées, des bagarres et des luttes avec les

prédateurs (et les chasseurs…), ne vivaient pas bien vieux. Un jour, on remarquait que la grise n'était plus là, ou que le noiraud était mort dans un coin. Puis, ô stupeur, les voici qui revenaient. Certainement qu'ils s'étaient lancés dans leur deuxième ou troisième vie ! En réalité, qu'est-ce qui ressemble plus à un chat de gouttière qu'un autre chat de gouttière, surtout quand on ne les côtoie pas trop et qu'on ne connaît donc pas leur caractère et les particularités de leur robe ? Ainsi sans doute se propagea la légende des neuf vies du chat.

Vous savez à quel point les chats aiment le vagabondage : ils sont parfois capables d'aller fort loin retrouver un ancien lieu d'habitation qu'ils identifient toujours comme leur territoire. D'où des vadrouilles qui peuvent les entraîner loin de leur foyer. Sans parler de ces chats qui se perdent en vacances et réapparaissent chez leurs maîtres après des semaines ou des mois. Ce chat qui revient, est-ce bien le même ou un autre qui lui ressemble comme deux gouttes d'eau ? Encore une des raisons pour lesquelles on a affirmé que le chat possédait plusieurs vies.

Les Anglais, qui sont censés aimer les *pussycats*, n'ont pourtant pas hésité à pervertir cette croyance en neuf existences en baptisant, à la fin du XVIIIe siècle, « chat à neuf queues » un instrument de châtiment corporel utilisé contre les esclaves africains, puis sur le dos des marins britanniques…

Mais, la clef de notre énigme est sans doute à chercher bien plus avant dans l'Histoire, en un temps où le chat fit son apparition la plus remarquée : dans l'Égypte des pharaons.

De l'école à la campagne, de la ferme à la veille de Noël, les occupations des enfants de jadis deviennent celles de chats plus humains que nature.

Dans de très nombreuses cosmogonies (théories ou légendes à propos de la formation de l'univers), le chiffre neuf est primordial. Qu'il s'agisse de sphères célestes ou de cercles infernaux, de muses grecques ou de hiérarchies angéliques, le neuf, carré du trois, a une valeur rituelle : c'est le chiffre représentant la somme, l'universalité, l'achèvement. La religion pharaonique ne fit pas exception à cette « règle du neuf ».

Pour les théologiens d'Héliopolis, Atoum-Rê, le soleil créateur de l'univers, donna naissance à quatre couples : Shou (l'air) et Tefnout (l'humidité) ; Geb (la terre) et Nout (le ciel), sa femme, qui engendrèrent à leur tour Osiris et Isis, Seth et Nephtys. Mais, comme le proclame l'auteur d'un texte religieux du temple de Deir el-Bahari, en Haute Égypte, datant de la XXIe dynastie : « Je suis un qui devient deux ; je suis deux qui devient quatre ; je suis quatre qui devient huit ; je suis un après celui-là. » Soit neuf en un seul : l'ennéade (groupe de neuf divinités) primordiale de l'Égypte représentait donc une unité.

Quel rapport avec notre chat ? Un hymne du IVe siècle avant J.-C., adressé à Rê, le soleil d'Heliopolis, propose une clef de l'énigme. Il dit : « O chat sacré ! Ta bouche est la bouche du dieu Atoum, le seigneur de la vie qui t'a préservé de toute souillure. » Le chat est donc investi du pouvoir créateur d'Atoum-Rê, l'unique, qui est neuf tout en étant un. Sans doute est-ce à partir de là que les prêtres égyptiens de la déesse chatte Bastet, puis la rumeur populaire, se mirent à accorder au chat le privilège divin de neuf existences successives. Il semble alors assez vraisemblable que la légende ait pris corps dans l'Égypte ancienne et que, comme le chat lui-même, elle se soit par la suite répandue à travers le bassin méditerranéen, puis dans tout l'Occident. Qui s'en plaindrait ? On aimerait tant que nos chats vivent si longtemps…

Jeux et travaux des champs et de la ferme. Ci-dessous, bronze de Vienne ancien (4,4 cm).

L'ÉCOLE DU LANGAGE

Qui n'a jamais rêvé de « faire la causette » avec son chat ? Avouez ! Il y a des moments où nous nous demandons ce qu'il essaie de nous dire, avec ses moyens qui sont nombreux… mais qui ne sont pas les nôtres, et nous souffrons parfois de ne pas mieux le comprendre. Alors, on imagine ce qui pourrait se passer si, les chats et nous, nous parlions la même langue. Ce qui est le cas quand on vit en parfaite complicité avec eux…

Ce désir ne date pas d'hier, et le langage du chat a toujours stimulé les imaginations. Il suffit de relire les contes de fées pour en être persuadés : « ils » y parlent comme vous et moi, pour raconter toutes sortes de choses prodigieuses !

Bien sûr, le chat, qui est un mime prodigieux, n'a pas que ses cordes vocales pour manifester intérêt, mécontentement, satisfaction, douleur, faim, peur ou désir : il possède ses oreilles, sa queue, son pelage, et une quantité de mimiques et de postures que nous n'analyserons pas ici.

Pour ne pas « écrire comme un chat », rien de mieux qu'un encrier à effigie féline ! (encrier en métal argenté).

Car il s'agit de recenser les chats qui parlent. Avec voyelles et consonnes, comme dans un célèbre jeu télévisé que vous connaissez bien. Les savants nous l'ont dit : notre petit compagnon est parfaitement capable d'émettre jusqu'à treize voyelles (il est plus doué que nous) et environ sept ou huit consonnes. Murmures à « bouche fermée », appels avec ouverture puis fermeture, et enfin cris et feulement gueule grande ouverte : les Callas et Caruso félins en connaissent un rayon quand il s'agit de s'exprimer musicalement. C'est vraiment toute la lyre dont ils jouent pour nous et pour leur propre bénéfice – notamment quand il s'agit de s'aimer.

Il était inévitable que de tels bavards impressionnent ceux à qui les chats font un peu peur. Si l'on explore les récits glanés dans nos provinces depuis le Moyen Âge, on y trouve des histoires très savoureuses de chats qui parlent. Cela n'a rien de surprenant, vous en conviendrez. Car, à certaines occasions, nos amis les chats ont une façon de singer le langage humain qui a de quoi laisser perplexe !

On s'interrogeait jadis sur ce qui rendait si bavardes les chattes amoureuses et pourquoi elles ponctuaient leurs ébats de tels cris. Au risque de bouleverser vos idées sur la question (et les réponses apportées par une bonne connaissance de la morphologie féline…), apprenez que c'était par peur de voir leur matou s'intéresser à autre chose. À quoi donc ? « La raison pourquoi les chattes crient si furieusement quand le matou les recherche, c'est qu'elles savent l'antipathie qu'il

Qui n'a pas rêvé d'enseigner à son chat quelques mots ? Ils en retiennent d'ailleurs une bonne série.

Coll. R. Lagier

y a entre le chat et le rat, et de peur que le matou ne s'en aille de leur compagnie, si de fortune un rat lui venait au devant, la femelle crie et se tourmente afin d'avertir le rat. »

Ah ! malice toute féminine : on n'y aurait pas pensé…

Ne parlez pas d'une chose secrète – et qui doit le rester – devant un chat, il le répétera à un autre, qui s'empressera de le dire à d'autres humains ; c'est ce que l'on prétendait en Bretagne. Dans le Finistère, on disait même que les chats en rut, lorsqu'ils criaient, se nommaient en prenant le prénom de leur maître. Certains s'invectivaient même en breton. Doit-on y voir l'influence du cidre sur l'imagination humaine ?

En Normandie, où l'on n'est pas en reste, certains observateurs attentifs ont traduit en français le dialogue de deux chats en train de se quereller. Ce qui donne cet échange fleuri, rapporté par Paul Sébillot dans *Le Folklore de France* : « Poilu ! Gros mouflu ! Crevé ! Châtré ! Je te crèverai ! Je t'étriperai ! » Les chats ressembleraient-ils à ce point-là aux hommes ? Espérons que non !

Si certains chats se battent, c'est parce que l'un d'eux va un peu loin dans la provocation en disant : « Où allez-vous ? — Voir la femme à vous ! — Voir la femme à moi ? Rouah ! » Tandis que les minets bretons – décidément très bavards – chuchotent auprès de la cheminée, en ronronnant : « De race en race, mon père est voleur, et je le suis aussi. » Ne vous demandez pas d'où vient la mauvaise réputation des chats auprès de la rumeur publique…

Si les chats se mettent à parler, dans certains récits d'autrefois, c'est que le diable n'est pas loin. On a vu ainsi une charmante fermière curieusement remerciée par un petit chat blanc qui s'était égaré. La femme le prit dans ses bras, l'emmena jusqu'au village le plus proche. Là, à proximité d'une maison que l'on disait habitée par une sorcière, le petit chat sauta à terre en disant poliment :

Le chat s'installe spontanément à côté de quiconque écrit. Pour mieux lire par-dessus son épaule ? Qui sait !

« Merci, Jeanne. » La malheureuse en eut les sangs tournés ! Mais, c'était un moindre mal, car certains chats parleurs demandent parfois vertement aux paysannes charitables qui les nourrissent de les ramener chez eux, parfois à des kilomètres, et sans y mettre les formes, sous peine de sévices diaboliques ! On attribue à Dupont de Nemours, au XVIIIe siècle, le fait d'avoir remarqué que le chat articulait des voyelles. Buffon ne semble pas s'être penché sur la question. Il en avait si peur (des chats, pas des voyelles !) qu'il craignait peut-être, bien qu'étant un scientifique, de s'entendre dire des choses très désagréables… Disons-le, la tentation d'interpréter en langage humain certains *miaou, mauw* et autres *rhmhr* ou *aheuuu* proférés par nos chats est vraiment très forte. Mais à qui la faute ? Ce sont bien souvent eux qui nous poussent à ces ultimes retranchements vers l'anthropomorphisme ! Certains écrivains ont franchi le pas allégrement : à commencer par l'auteur anonyme du *Roman de Renart,* dans lequel Tybert, fameux voleur d'andouilles, n'hésite pas à s'exprimer. Et à sa suite, l'attachant *Chat Murr* d'Hoffmann, les chats de Colette (à commencer par Kiki la Doucette, héroïne des *Dialogues de bêtes*), le Moune de Philippe Ragueneau et tant d'autres bavards impénitents à longues moustaches… Qui s'en plaindrait ?

L'idée de donner la parole à un chat qui écrit son autobiographie ne date pas d'hier, comme en témoignent ces Mémoires de Finette, *dont plusieurs illustrations ornent cet album.*

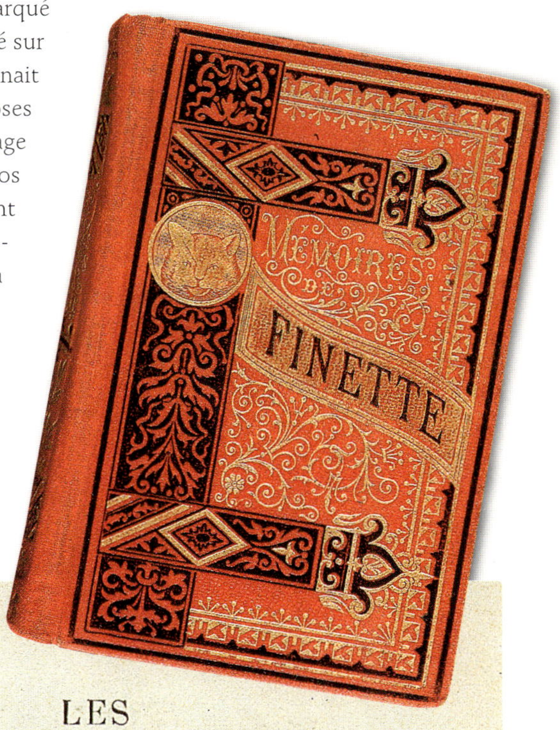

FINETTE ÉCRIVANT SES MÉMOIRES.

LES

MÉMOIRES DE FINETTE

PAR

Mme LOUISE HAMEAU

ILLUSTRÉ PAR LANÇON

PARIS

PAUL BERNARDIN, LIBRAIRE-ÉDITEUR

53, QUAI DES GRANDS-AUGUSTINS, 53

FÉMINITÉ, FÉLINITÉ

Féminité, félinité… Les poètes du XIXe siècle, comme Paul Verlaine, se sont plu à faire un parallèle entre la femme et la chatte.

« Elle jouait avec sa chatte,
Et c'était merveille de voir
La main blanche et la blanche patte
S'ébattre dans l'ombre du soir.

Elle cachait – la scélérate ! –
Sous ses mitaines de fil noir
Ses meurtriers ongles d'agate,
Coupants et clairs comme un rasoir.

L'autre aussi faisait la sucrée
Et rentrait sa griffe acérée.
Mais le diable n'y perdait rien…

Et dans le boudoir où, sonore,
Tintait son rire aérien,
Brillaient quatre points de phosphore. »

Un original pique-fleurs de la fin du XIXe siècle.

Féminité et félinité se répondent et se complètent, la beauté de l'une renvoyant à l'autre : les photographes l'ont compris, tout comme les poètes.

Bien avant l'auteur des *Poèmes saturniens*, les anciens Égyptiens firent de Bastet, entre autres attributions, la déesse de la fécondité, de la maternité et la protectrice des femmes enceintes. Bien des peuples à travers l'Histoire ont été frappés par le côté prolifique des chattes.

Les prêtresses de Bastet pensaient que le chat était sensible aux phases de la Lune, à tel point que l'on croyait qu'une chatte pouvait donner naissance à vingt-huit portées de chatons (le chiffre de la durée du mois lunaire), et que chaque portée allait en progressant selon la loi des nombres, soit de un à vingt-huit, mois après mois ! La réalité est quelque peu différente… Mais on comprend aisément pourquoi Bastet devint, dès son apparition au panthéon égyptien, la protectrice des enfants royaux, puis celle de tous les nouveau-nés.

Depuis, le chat n'a jamais cessé d'être lié à la féminité, à travers les âges. Fertile, fécond, il engendra des pratiques dont la paillardise n'était jamais absente, car le symbolisme érotique du chat – mot qui dans notre langue est l'homonyme de chas – a toujours été très fort. Comme en témoigne le folklore des régions françaises et francophones : dans le Gâtinais, on disait : « Comme il aime son chat, il aime sa femme. » Que ce soit en Belgique ou en

En haut : il faut chercher le chat caché dans les fleurs qui ornent cette assiette ancienne.

Bretagne, les proverbes et dictons sont d'accord : qui affectionne les chats a un goût prononcé pour la gent féminine. Quand cela va mal à l'intérieur d'un couple, on dit dans les Flandres que « le chat est dans l'horloge ». Tandis qu'en Wallonie, une jeune fille qui repousse les avances d'un soupirant lui « donne son chat pour en compter les poils » !

Comme on le voit, les allusions sont parfois assez directes. Ainsi, dans de nombreuses régions, on dit volontiers qu'une jeune fille qui marche par inadvertance sur la queue d'un chat ne trouvera pas de mari. La « punition » symbolique varie suivant le nombre de miaulements poussés par la pauvre bête. Un miaulement égale un an ! Si le chat se montre particulièrement dolent et bavard pour protester, c'est l'assurance de rester vieille fille…

Les veuves qui se remariaient n'étaient pas bien vues, dans les campagnes. C'était manquer au devoir du souvenir et de la fidélité. Quand cet événement se produisait, la jeunesse du village ne manquait pas, le soir des noces, d'aller faire un chahut monstre sous les fenêtres de la dame jugée un peu trop gourmande. On apportait des chats qui, agacés, poussaient des cris éloquents, tandis que la foule lançait des piques aux nouveaux mariés. C'est l'origine de ce que l'on a nommé le « charivari », mot passé dans la langue courante pour désigner un tumulte, un vacarme accompagné de cris et de huées.

L'imagination campagnarde fut, elle aussi frappée – bien après l'Égypte – par le spectacle des amours des chattes, souvent comparées à des femmes dévergondées. Assez curieusement, on trouve un anathème quasi général jeté sur les chatons nés au mois de mai des amours printanières. Comme le dit un dicton : « Mauvais comme un chat de mai ». Il faut chercher du côté de certains interdits humains pour comprendre la raison de cette prévention. Si l'on considère les nombreux proverbes et dictons rattachés au mois de mai, on s'aperçoit que tout ce qui a trait au mariage ou à la procréation est voué au malheur : « Mariages de mai ne fleurissent jamais »… « Si le dicton dit vrai, méchante femme s'épouse en mai »…

Une tradition chrétienne veut que l'on respecte mai, le mois de Marie, de la Vierge. À cet interdit, lié à la mère du Sauveur, s'en ajoute un autre, venu sans doute d'une époque plus lointaine. Si les couples hésitaient à s'unir au mois de mai, c'est en raison d'une peur obscure car, nous dit Claude Gaignebet dans *Le Carnaval* : « On était retenu par la peur des naissances qui pourraient survenir neuf mois plus tard, c'est-à-dire en pleine période de carnaval, en pleine période de folie. » La chatte, bien sûr, ne porte pas ses petits aussi longtemps, mais les deux interdits se mêlant, dans l'imagination des gens, les chats de mai n'ont jamais eu bonne réputation. Il est probable que le spectacle tumultueux de leurs amours, en un mois où l'Église exhortait à la chasteté, a certainement contribué à donner à ces terribles matous un petit côté diabolique !

APRÈS M'AVOIR CHAUDEMENT BLOTTIE SOUS SON CHALE.

Les poètes, et Baudelaire en tête, n'oublieront pas de saluer « leurs reins féconds… pleins d'étincelles magiques », et replaceront les chats dans un courant qui fit d'eux, depuis l'Antiquité, les incarnations terrestres d'une déesse qui prit tour à tour les traits d'Isis, de sa mère Nout et de Bastet, en Égypte, puis d'Aphrodite en Grèce et d'Artemis-Diane qui, pourchassée, se transforma en une chatte « aux multiples mamelles gonflées de lait ». L'éternel félin, en quelque sorte…

CHATS COQUINS

Regardez les cartes qui illustrent ce chapitre, et vous comprendrez aussitôt toute la charge érotique véhiculée par le chat. Pauvres chats, victimes des jeux de mots les plus salaces, des plaisanteries à double sens les plus faciles, et bien souvent vulgaires ! Yeux innocents, chastes oreilles, passez votre chemin ! Dans la langue française, très tôt, il y a chat et chas. Le chas (fente) de l'aiguille, et le chat qui miaule. On s'est empressé de confondre les deux, une porte ouverte à toutes les allusions entre chatte et chatière, quand on ne confondait pas fourrure et poil, ainsi qu'en témoigne le double sens de *minou* et du britannique *pussy*.

En argot, deux personnages peu recommandables, indissociables du folklore de la rue, ont des origines félines : la catin et le marlou. Ces deux termes servaient jadis à désigner une chatte et un matou, mettant en avant la sexualité débridée des animaux.

L'anthropomorphisme aidant – et le jugement moral en plus –, catin et marlou s'appliquèrent alors à la prostituée et à son souteneur.

C'est sans doute par le biais de la chanson que l'érotisme lié au chat a fait le plus de chemin. Chose surprenante, ce sont les vieilles comptines enfantines des XVIIIe et XIXe siècles qui accumulent le plus de sous-entendus grivois. De prime abord, *La Bergère* est une sinistre histoire de fillette tuant à coups de bâton un chaton voleur de fromage. La chanson est en fait l'écho paillard d'une expression en vogue dès le XVIe siècle, « laisser aller le chat au fromage », qui signifiait accorder son pucelage. On comprend mieux sous cet éclairage l'aventure de la bergère licencieuse qui, le « forfait » consommé, se confesse au curé avant de succomber à ses avances – « et ron et ron, petit patapon » – et de trouver la pénitence bien douce…

« Surtout soyez prudent et prenez garde à vous, mon chat est susceptible, un rien il s'épouvante. Il veut bien comme moi qu'on joue et qu'on plaisante, mais pour le bon motif ou bien, gare les coups. »

« Voici mon chat : la patte en velours mais l'œil prompt, fourré comme un abbé, bien portant, admirable. Un polisson de chat, un lutin, un vrai diable. Et si soumis, si bon enfant, si fripon ! »

Mon père m'a donné un mari ne vaut guère mieux, avec son évidente métaphore sexuelle qui met en garde les jeunes filles sur le choix d'un mari, qui ne doit pas être trop petit, la petitesse ne faisant pas référence, on le saisit aux paroles équivoques (« le chat l'a pris pour une souris »), à la taille « globale » du malheureux époux, mais aux mensurations d'une partie de son anatomie !

La Chatte, de Béranger, met en scène une jeune fille seule dans sa chambre, en compagnie de sa chatte qui veut courir les gouttières pour trouver un matou. Et la belle de se lamenter au refrain :

« Mia-mia-ou ! Que ma minette
Mia-mia-ou ! trouve un matou. »

La chanson de la Belle Époque a largement contribué à « appeler un chat un chat », pour reprendre l'expression que nous devons à Boileau. À Montmartre, au cabaret « Les Décadents », en 1895, Toulouse-Lautrec fut frappé par l'apparition d'une chanteuse anglaise nommée May Belfort. En pleine vogue du cancan et des danseuses laissant voir leurs jambes et plus, l'étrange Anglaise se présentait vêtue d'une longue robe rouge victorienne bordée de dentelles, sa longue chevelure sombre à demi enfouie sous un immense bonnet dont Kate Greenaway

Est-il besoin de faire des commentaires ? Un certain goût bien français pour la gaudriole s'est fort bien accommodé de tous les jeux de mots suggérés par le chat.

avait lancé la mode outre-Manche. Visage blême, regard fixe, May Belfort arrivait sur scène d'une démarche de somnambule, un petit chat noir portant un ruban jaune autour du cou, blotti dans ses bras, et elle débitait toujours le même refrain de music-hall anglais : « *Daddy wouldn't buy me a bow-wow* » (Papa ne voulait pas m'acheter un toutou). Lorsqu'elle arrivait aux paroles : « *I've got a little cat, and I'm very fond of that* » (J'ai un petit chat, et je l'aime beaucoup), la salle appréciait à sa juste valeur l'allusion grivoise, renforcée par la présence du petit matou noir dans les bras de la chanteuse dont Toulouse-Lautrec nous a laissé de nombreux portraits.

L'érotisme glacial de May Belfort allait être surpassé par la frénésie obscène de Polaire, future protagoniste au théâtre de la *Claudine* de Colette. Elle interprétait pour le plus grand émoi du public masculin le *Portrait du petit chat*, occasion d'un numéro à la limite de l'indécence, comme le narrait Jean Lorrain : « Polaire gambille, se trémousse, frétille, balle des hanches, des reins et du nombril, mime toutes les secousses, se cambre, se cabre, se tortille, fait des yeux blancs, miaule, pâme et s'évanouit sur quelle musique, et sur quelles paroles ! La salle, figée de stupeur, en oublie d'applaudir. Seuls les vieux messieurs, enthousiasmés, rappellent. » Colette, qui, on le sait, aimait les chats, assistait à la même représentation. Elle souffrit de voir Polaire chanter cette chatterie, comme elle s'en souvient dans *Mes apprentissages* : « J'avais supporté l'équivoque portrait du petit chat :

Aussi mes plus grandes faiblesses et mes plus douces caresses, je les garde pour mon p'tit chat !

“Il est tout petit, frais et rond,
Tout velouté comme une pêche…”
Je veux citer la fin de la chanson, qui est maniérée
et choquante, libertine et sans franchise :
“Allons, mon p’tit matou,
Viens vite, dis-moi tout.
Pas possible ¿… Vraiment ¿
Parole ¿… Ah ! c’est charmant !

Si vous voulez surprendre
C’que sa pudeur cacha
Faudrait, pour mieux m’comprendre,
Donner vot’langue au chat !” »

Difficile d’être plus explicite, mais le cabaret à la
Belle Époque ne faisait pas dans le meilleur goût…
On peut préférer la franchise de Georges Brassens. Ah ! le joli scandale que fit en son temps *Brave Margot*… La bergère allaitant le chaton trouvé, devant tout le village, fit tordre le nez aux esprits étroits.
« Quand Margot dégrafait son corsage,
Pour donner la gougoutte à son chat… »
Il n’y avait pourtant pas de quoi fouetter un chat, et Brassens rejoignait ici Verlaine. Dans *P… de toi*, la dualité femme-chatte tourne au détriment de la première. Et le poète se retire dans la lune avec ses chats…

Quand le second degré se moque éperdument de toute décence…

CHAMPION D'ÉLÉGANCE

Avec un pareil chapeau, cette minette pourrait fréquenter les champs de course encore aujourd'hui !

Savez-vous ce qu'est le « sport félin » ? Si vous avez l'occasion de feuilleter un vieux livre consacré aux chats, vous aurez la surprise d'apprendre qu'il s'agit non pas de performance sportive dont les chats auraient été les champions, mais tout simplement de ce qui regroupe aujourd'hui l'élevage, l'amélioration des races et les expositions félines. Bref, tout un art de l'élégance au service de la cause féline.

Le sport félin est une invention qui remonte aux dernières décennies du XIXe siècle. C'est à l'Angleterre que l'on doit l'organisation, en 1871, de la première exposition féline jamais tenue dans le monde, grâce à l'initiative d'un certain Harrison Weir, membre de la Société d'horticulture britannique, désireux d'offrir aux chats et à ceux qui les aimaient une vitrine prestigieuse. Ce fut au Crystal Palace de Londres que se déroula la manifestation : plus de deux cents chats étaient rassemblés, et le public regarda avec beaucoup de curiosité les premiers chats de Siam jamais vus en Europe. Comment imaginer alors que le siamois serait un jour l'une des races favorites sous nos latitudes ? La reine Victoria honora de sa présence le *cat show*, et fit elle-même l'acquisition de deux chats. Le succès fut tel qu'il aboutit à la création du National Cat Club, qui prit à sa charge, chaque année, l'exposition du Crystal Palace : en 1889, ce sont plus de six cents chats qui y participaient !

Les États-Unis furent la deuxième nation à organiser un tel concours d'élégance, dans le cadre du Madison Square Garden de New York, en 1895. La France arriva en troisième position dans cette épidémie de fièvre féline ; c'est le 25 septembre 1896 que l'Exposition féline internationale, organisée par *Le Journal*, grand quotidien de l'époque, ouvrit ses portes à Paris au Jardin

Les cartes illustrées d'Arthur Thiele connurent une immense popularité, avec leurs personnages mi-félins mi-humains joviaux et si proches de la société dans laquelle évoluaient les chats de luxe. Ci-dessous : un bronze de Vienne (4,5 cm, fabriqué par l'atelier Bermann).

d'acclimatation. Près de quatre cents chats, présentés dans des cages au milieu des plantes du jardin, seize races en tout (alors que nous en connaissons une quarantaine à présent), et même de gros « chats » peu ou pas domestiques, comme un petit léopard et un serval – ce dernier obtint d'ailleurs le premier prix, décerné par un jury comprenant diverses personnalités des lettres, des arts et des sciences, parmi lesquelles on comptait Steinlen, Willette, Octave Mirbeau et François Coppée. Tout Paris courut au bois de Boulogne voir les chats : plus de cinquante mille visiteurs en trois jours. Un succès qui incita les organisateurs à rééditer cette exposition en 1898. Mais, il faudra ensuite attendre 1926 et la création du Cat Club de France pour voir la reprise de ces concours de beauté et d'élégance qui font maintenant partie des habitudes pour les chats et leurs admirateurs.

Coll. R. Lagier

LE CHAT ET LE MIROIR

Philosophes hardis, qui passez votre vie
A vouloir expliquer ce qu'on n'explique pas,
Daignez écouter, je vous prie,
Ce trait du plus sage des chats.

Sur une table de toilette
Ce chat aperçut un miroir ;
Il y saute, regarde, et d'abord pense voir
Un de ses frères qui le guette.
Notre chat veut le joindre, il se trouve arrêté.
Surpris, il juge alors la glace transparente,
Et passe de l'autre côté,
Ne trouve rien, revient et le chat se présente ;
Il réfléchit un peu : de peur que l'animal.
Tandis qu'il fait le tour ne sorte,
Sur le haut du miroir il se met à cheval,
Une patte par-ci, l'autre par-là ; de sorte
Qu'il puisse partout le saisir.
Alors, croyant bien le tenir,
Doucement vers la glace il incline la tête,
Aperçoit une oreille, et puis deux... A l'instant,
A droite, à gauche, il va jetant
Sa griffe qu'il tient toute prête :
Mais il perd l'équilibre, il tombe et n'a rien pris.
Alors, sans davantage attendre,
Sans chercher plus longtemps ce qu'il ne peut
[comprendre,
Il laisse le miroir et retourne aux souris.
« Que m'importe, dit-il, de percer ce mystère ?
Une chose que notre esprit,
Après un long travail, n'entend ni ne saisit,
Ne nous est jamais nécessaire. »

FLORIAN.

Contrairement aux fables de La Fontaine, celles de Florian, comme Le Chat et le miroir, *montrent tout l'amour de l'auteur pour la gent féline.*

Les chats voyous existent,
en voici la preuve.

UNE MÉDECINE DOUCE

Quel est le meilleur remède lorsqu'on se sent patraque ou cafardeux ? Prendre son chat dans ses bras, et se détendre en l'écoutant ronronner. Vous n'êtes pas d'accord ? Cette médecine douce est à coup sûr la plus efficace que la nature ait inventée, et les scientifiques nous confirment que notre cœur ne s'en trouve que mieux. En fait, chat et médecine ont eu partie liée dès l'Antiquité égyptienne…

On pourrait se demander par boutade s'il est une chose que les Égyptiens de l'époque pharaonique n'aient pas devinée à propos du chat ! Quelle intuition remarquable, et qui montre à quel point ces éthologues avant l'heure que furent les prêtres de Bastet, la déesse-chatte, savaient observer leur animal tutélaire et tirer un enseignement de son comportement.

Tueur de rongeurs, protecteur des femmes enceintes et des nouveau-nés, ami des petits enfants, le chat fut aussitôt associé à l'idée de propreté et de protection contre les maladies ; créature divine liée au Soleil et à la Lune, on lui prêta en même temps les plus grands pouvoirs. Ce qui permet de mieux comprendre comment Bastet, outre ses attributions connues de déesse de la musique, de la danse et de la joie de vivre, devint également patronne des prêtresses accoucheuses, mais aussi des mages et des médecins.

Le chat au chevet des femmes s'apprêtant à mettre au monde un enfant ? Il en était ainsi en Égypte, et l'une des représentations les plus connues de Bastet nous la montre sous la forme d'une femme à tête de chatte, portant l'égide sur la poitrine, le sistre dans une main et un panier d'osier dans l'autre. Ces trois

Petits tracas conjugaux, blessures, maladies, hygiène : les chats illustrent une fois encore les aléas de la vie quotidienne des hommes.

objets étaient les attributs des sages-femmes : l'égide, médaillon à effigie féline, renforçait le pouvoir magique de la déesse ; le sistre, très ancien instrument de musique où figuraient les déesses-mères Hathor, Isis et Bastet, était constamment agité au chevet des jeunes mères pour éloigner les mauvais esprits ; quant au panier d'osier, il désignait les prêtresses accoucheuses.

Pour renforcer la protection des femmes enceintes, on leur accrochait au cou une amulette figurant la chatte sacrée ; ce même bijou protégeait par la suite nouveau-nés et jeunes enfants. Les mages de Bastet – qui étaient également médecins – invoquaient la déesse pour assurer la santé aux enfants, à qui ils tatouaient la silhouette de la chatte sur le bras, allant même jusqu'à injecter aux jeunes quelques gouttes du sang des chats sacrés de Bubastis pour les protéger des épidémies. L'invention du vaccin avant la lettre !

L'arsenal magique des prêtres égyptiens liés à Bastet était vaste : formules secrètes, incantations, mais aussi ivoires et bâtons magiques où figurait le « Grand matou », émanation d'Atoum-Rê, dieu solaire, accompagné d'une cohorte d'autres animaux et génies protecteurs, comme le singe et le lion. Ces bâtons magiques étaient utilisés pour lutter contre les mauvais sorts jetés par des ennemis, la puissance solaire du chat annihilant les effets du pouvoir des démons nocturnes.

Ces dons médico-magiques du chat jouèrent contre lui, dans l'Occident chrétien. Les sorcières, qui savaient soigner les maladies féminines par les plantes, et que l'on appelait dans les campagnes aussi bien pour les avortements que pour les accouchements, étaient accompagnées de chats – et cet assemblage déplaisait tout autant aux prêtres qu'aux chirurgiens.

Prêtresses et savantes, elles avaient une double autorité que l'Église écrasa avec violence dès le Moyen Âge.

Quant aux médecins, ils bannirent eux aussi le chat, comme le montre un texte d'Ambroise Paré, écrivant au XVIe siècle : « Le chat est un animal

venimeux qui infecte par son poil, par son haleine et par sa cervelle. » Le fameux chirurgien ne faisait que répéter l'avis de sainte Hildegarde de Bingen, disant : « Le chat attire en lui les humeurs mauvaises… Son cerveau et sa chair sont vénéneux. » Cette mauvaise réputation prévaudra longtemps, Matthiole reprenant l'avis de ses prédécesseurs, allant même imaginer que l'haleine empoisonnée du chat communiquait la tuberculose aux humains, et incitant à la prudence car, disait-il, il y a « des gens qui, pour avoir toujours couché avec un chat, sont devenus phtisiques et élancés, et enfin en sont morts ». Il est plus que probable que l'humidité et le froid des demeures y étaient pour bien plus que la présence des chats, sinon, à notre époque de cocooning entre humains et félins, ce serait véritablement du massacre !

Cette méfiance du corps médical et scientifique vis-à-vis du chat continua jusqu'au siècle dernier. Les Encyclopédistes, prenant le relais de Buffon – féroce ailurophobe –, ne firent que reprendre à leur compte les divagations des médecins et les épouvantables recettes de bonnes femmes recommandant l'utilisation du poil, du fiel, de la rate, du sang, de la graisse, des os et de la cervelle de chat pour soigner les maux les plus divers, de l'impuissance au mal de ventre.

Il fallut attendre Pasteur pour que le courant interrompu passe entre médecins et chats. Oui, le chat était bien un animal hygiénique, que l'on pouvait accueillir dans une maison sans danger de contracter des maladies. Cette image valorisante n'a fait que croître et embellir au XXe siècle, pour s'achever en fanfare sur l'ère du chat, désormais associé des pédiatres, gériatres, psychiatres, psychologues, professeurs et éducateurs. La conquête médicale – et un peu magique – du chat, c'est bien de se rendre utile en socialisant l'enfant, en aidant dépressifs et malades, en donnant la joie de vivre aux solitaires et aux personnes âgées.

Ironie du sort : notre civilisation aura mis près de deux millénaires à comprendre ce que les Égyptiens avaient saisi dès leur rencontre avec le chat. Mieux vaut tard que jamais…

Qui aurait imaginé cette pauvre mère Michel vantant un jour les mérites d'une eau de Javel ?

Cendrier reprenant le dessin de Von Allmen pour les gaines Viso.

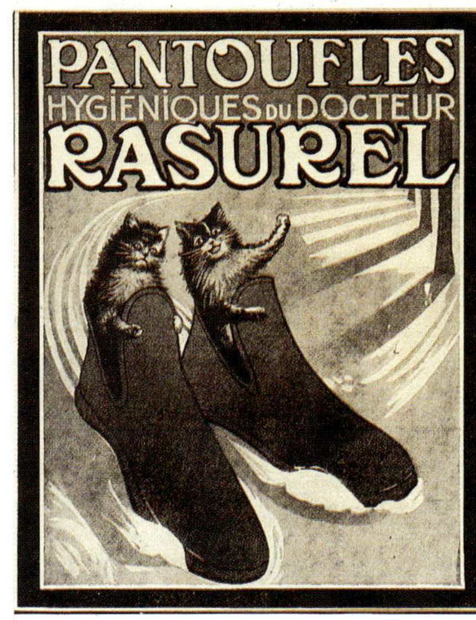

STAR DE LA PUBLICITÉ

Les spécialistes de la publicité vous le diront dans leur jargon : le chat est « vendeur » ; son « image » est résolument « porteuse » et permet d'assurer la promotion des produits les plus divers, parfois bien éloignés de l'univers du félin domestique. La rançon de la popularité ! Après avoir été longtemps considéré comme un épouvantail, le chat méritait bien d'être hissé sur ce piédestal…

Le chat est-il en train de devenir le symbole de la communication ? C'est envisageable, si l'on en juge par la manière dont il occupe les espaces publicitaires à la télévision, sur les panneaux d'affichage et dans les magazines. La première affiche mettant en scène deux chats – un noir et un blanc se faisant la cour sur les toits de Paris – date de 1868. Elle était l'œuvre d'Édouard Manet qui, en passionné de chats, avait accepté de réaliser cette lithographie pour faire la « réclame » de l'ouvrage de son ami Champfleury, *Les Chats*.

Bien vite, d'autres artistes ont pris pour modèle le chat à des fins publicitaires : ainsi Toulouse-Lautrec (la chanteuse May Belfort), Steinlen (tournée du Chat Noir, Clinique vétérinaire Chéron, lait de la Vingeanne), Willette ou Chéret. Quelque cent vingt ans plus tard, personne ne sera surpris de voir une radio (RTL) mettre face à face un chat noir et un canari, avec le slogan « pour bien s'entendre », tandis qu'une station concurrente annonce, une minette à l'appui :

Le chat est capable de tout faire vendre : un corset, des pantoufles, du savon à barbe ou de la pâte dentifrice : cette réclame (ci-dessous) est l'œuvre d'un des plus merveilleux peintres animaliers français, Jacques Nam (1881-1974).

Pour promouvoir l'amidon Hoffmann, ses fabricants n'avaient pas lésiné sur le matériel publicitaire : caisse d'emballage, figurines, affichettes, cartes illustrées.

« Chat balance sur Europe 1 », et que la marque d'ordinateurs Apple utilise un superbe matou pour vanter les qualités de la gamme Macintosh. On encore une entreprise de transport rapide (DHL) montrer un chat expédiant un perroquet bavard en Sibérie ! Un génie de la communication, notre ami le chat !
De 1868 à nos jours, il est instructif de voir à quel point le chat a pu inspirer la publicité, en France comme à l'étranger. Plus de deux cents affiches félines recensées ! Un record, qui montre l'importance prise par le chat dont il serait

Calendrier de 1901-1902
de la marque
Le chat – C. Ferrier.

impossible de compter toutes les apparitions sur le petit écran. Fait surprenant, dès les premiers temps de la publicité, le chat noir a aussitôt joui d'une bonne réputation. Il est le compagnon de la voyante, sur une affiche vantant l'hebdomadaire *Le Chat noir* (1922), mais rien de diabolique en cela, puisque le magazine était censé « dévider les nerfs en pelote » ! Le chat noir est associé à la beauté et aux jolies femmes : souvenez-vous de la somptueuse persane noire portant un collier Boucheron avec la mention : « Faites briller les yeux des autres femmes. »

Les chats aiment-ils le savon ? Non, mais ils incarnent la propreté !

Luxe, volupté, félinité et féminité : un cocktail parfois érotique. En 1909, la fantaisiste Spinelly est portraiturée sur une affiche, portant une jupe de collégienne qu'un coup de vent soulève par-devant. Près de l'actrice, un chat noir qui s'étire est le seul à voir un point précis de l'anatomie de la coquine, celui-là même qui porte le nom de l'animal en argot. On ne peut être plus explicite…

Dès 1894, on put voir une ravissante créature, certainement très « libérée », vanter les mérites du papier à cigarettes Job, tout comme le fera une autre élégante, un chaton noir blotti contre sa poitrine, en 1910, pour la marque Zig-Zag. Et que

dire du chat noir des cigarettes Craven ? Les matous ont également incité à la consommation – sans modération – d'un nombre hallucinant de boissons alcoolisées, apéritifs ou digestifs.

Poussées par les chats, les femmes achètent le savon Le Chat (évidemment), portent les gaines Viso (une chatte blanche à taille de guêpe), tricotent les laines du Chat Botté, s'épilent avec le Velours de Léda (aïe ! mes moustaches), cocoonent en pantoufles Rasurel. Brosses à dents (? !), radiateurs, chauffage au gaz, machines à coudre, encaustique, mort-aux-rats, cuisinières : le chat met en valeur tous les produits domestiques. S'agit-il de nourriture ? Le lait a la place d'honneur, mais le chat – allez savoir pourquoi – vante les mérites du chocolat, des biscuits, du tapioca, des bouillons et même… de la moutarde !

Certaines associations coulent de source. Le chat porte bonheur ? Il travaillera à la promotion de la Loterie nationale. Il voit la nuit ? Rien de tel que des yeux de chat pour vendre les phares Marchal ou le magazine *Regards*. On comprend moins bien sa présence sur une affiche des bicyclettes Rexor, une réclame pour la « Farine mexicaine reconstituante » ou tous ces alcools dont il ne fait pas consommation. Mais est-il pour autant amateur d'eau minérale ? La grande Colette n'hésita pas à faire la réclame pour Perrier, en 1938, sur un dessin de Luc-Albert Moreau qui la représentait à Saint-Tropez, attablée avec un chat pour savourer « le champagne des eaux de table ».

L'avenir ? On sait que le chat aime la compagnie des écrivains, et dès 1910, une marque de stylo (Gold Starry) montrait un chat blanc, plume en main, affirmant : « Je n'écris plus comme un chat ! » Du stylo à l'ordinateur, le pas a été franchi. Gageons que nos amis, après les fax et les répondeurs, vont envahir Internet, l'outil de communication d'aujourd'hui. C'est le moins que l'on pouvait attendre de « l'animal de compagnie du XXIe siècle » !

Quant au lien entre les chats et les boissons alcoolisées, bien malin qui saura le trouver ? Nous donnons notre langue au chat ! Ci-dessus : affiche publicitaire par d'Ornellas, inspirée du célèbre slogan.

Cendrier, verre et enveloppe à en-tête de la célèbre marque.

AMOUR... TOUJOURS ?

Il est classique d'opposer à la fidélité du chien l'indépendance – et ce que ses détracteurs nomment l'égoïsme – du chat. C'est bien mal connaître un animal capable de s'attacher si fort à ceux qu'il a choisis et qui peut, tout comme le chien, se laisser mourir lorsque la vie le sépare d'eux.

Bien sûr, entre l'amour et la fidélité, l'instinct est là, qui impose ses lois à l'espèce. Depuis l'Antiquité, poètes et fabulistes l'ont remarqué, à commencer par Ésope qui traite de la question, au VIe siècle avant J.-C., dans une courte fable intitulée *La Chatte et Aphrodite*.

« Une chatte, s'étant éprise d'un beau jeune homme, pria Aphrodite de la métamorphoser en femme. La déesse, prenant en pitié sa passion, la changea en une gracieuse jeune fille : et alors le jeune homme l'ayant vue s'en amouracha et l'emmena dans sa maison. Comme ils reposaient dans la chambre nuptiale, Aphrodite, voulant savoir si, en changeant de corps, la chatte avait aussi changé de caractère, lâcha une souris au milieu de la chambre. La chatte, oubliant sa condition présente, se leva du lit et poursuivit la souris pour la croquer. Alors la déesse indignée contre elle la remit dans son premier état. Pareillement les hommes naturellement méchants ont beau changer d'état, ils ne changent point de caractère. »

Jean de La Fontaine, ennemi des chats s'il en fut, reprit le canevas de cette fable pour écrire *La Chatte métamorphosée en femme*.

« Un homme chérissait éperdument sa chatte ;
Il la trouvait mignonne, et belle et délicate. »

J'ALLAI REJOINDRE MON HEUREUX VOISIN D'EN FACE.

Certaines situations félines (vues par Arthur Thiele) ressemblent tant aux intrigues amoureuses des humains que l'expéditeur de ces cartes y a retrouvé, en filigrane, une romance qui devait toucher des personnes proches !

Cela commence bien mais se termine au détriment de la féline transformée en femme car, pour reprendre l'aphorisme de Philippe Destouches (1680-1754) : « Chassez le naturel, il revient au galop. » Il n'empêche : d'autres écrivains amis des chats, comme Stéphane Mallarmé, ne pourront s'empêcher de voir se dessiner la femme au-delà de leur compagne d'écriture : « J'ai pu constater qu'il y a des instants où Lilith devient une personne, des minutes où sa tête de chatte noire devient positivement une tête de femme noire ; des minutes où, tout à coup, au gré de mon regard halluciné, cette tête de chatte se mue en face d'idole… »

Alors, amour toujours ? Quiconque a eu plusieurs chats en même temps a certainement pu constater que lorsque l'un d'entre eux disparaissait, le survivant n'était plus le même, et qu'il pouvait traverser une véritable période de dépression, cherchant son compagnon, refusant de s'alimenter et se laissant aller. La notion de couple, telle que nous l'entendons, n'existe pas chez les chats. Ce sont avant tout, dans la nature, des animaux solitaires, les mâles non castrés en particulier. S'il existe une société chez les chats, elle serait plutôt du type matriarcal : il n'est pas rare de voir plusieurs femelles vivre ensemble, et élever en communauté leurs chatons. De même qu'une chatte allaitera si besoin est les chatons d'une congénère si celle-ci est dans l'impossibilité de le faire.

Si l'on évoque la fidélité, c'est plutôt dans le cadre de la vie à l'intérieur d'un appartement, en compagnie d'êtres humains. Un chat est tout à fait capable de connaître des troubles sévères du comportement à l'occasion de la perte d'un compagnon ou d'un deuil qui frappe la maison. Qu'il me soit permis d'apporter un témoignage personnel qui illustre de manière frappante ce propos. Il y a des années, alors que je vivais encore avec ma famille, nous avions deux chats : Cléo et Bidule, la mère et le fils, deux chats noirs normands. Ma grand-mère maternelle, souffrant d'un cancer, désirait la compagnie d'un chat.

Dans la vie,
les amours félines sont
plus prosaïques...

Flirt, mariage, nuit de noces, c'est toute la comédie humaine que jouent nos amis les chats.

Encore fallait-il trouver un animal très calme qui reste à ses côtés, puisqu'elle ne quittait son lit que pour s'installer dans un fauteuil. Sa femme de ménage, qui habitait le XIVe arrondissement, près du cimetière du Montparnasse, lui parla alors d'un chaton gris qui était venu se réfugier dans la cour de son immeuble, et que des enfants maltraitaient. Ma grand-mère n'hésita pas un instant et la pria de le lui ramener. C'est ainsi que Pacha arriva à la maison – mes parents et ma grand-mère occupant alors deux appartements qui communiquaient.

Pacha se montra un chat garde-malade exemplaire. Ce bâtard de chartreux et de gouttière – un fort beau matou – était la douceur personnifiée. Malgré la présence de ses deux complices qui l'invitaient à tous les jeux possibles (il fit quand même

une portée de jolis chatons à Cléo, deux noirs et un gris !), Pacha ne quittait pas sa maîtresse, caché sous son châle lorsqu'elle était dans son fauteuil, la tête appuyée contre le combiné du téléphone lorsqu'elle était couchée. Ainsi, pendant deux ans, il déploya des trésors d'affection à l'égard de celle qui l'avait tiré des griffes d'un destin peu enviable.

Quand ma grand-mère mourut, Pacha devint fou. Fou de douleur, ne puis-je m'empêcher d'écrire. Nous l'avions installé pour dormir avec les deux chats noirs. Mais Pacha n'avait qu'une idée en tête : retrouver sa maîtresse. Alors, en pleine nuit, ce chat, qui était très fort et savait ouvrir les portes en se suspendant à la poignée avec une patte, ouvrait une à une les portes qui le séparaient de la chambre à coucher de ma grand-mère et, arrivé là où il pensait la trouver, se mettait à pousser des hurlements de désespoir. Imaginez ce que, les uns et les autres, nous pouvions éprouver…

La conséquence : de belles portées de chatons !

Malgré la présence des autres chats et l'affection dont nous l'entourions, Pacha continuait son manège nocturne. Avant sa disparition, ma grand-mère avait demandé à sa femme de ménage de prendre soin du chat. Elle se résolut donc, avec l'accord de ma mère, à l'emmener chez elle. Pacha entra sans problème dans

ELLE NOUS A APPORTÉ DEUX AMOURS DE PETITS CHATS.

son sac de voyage, et nous restâmes tous assez tristes de le voir partir. Mais peut-être un changement de vie lui ferait-il du bien. C'est ce que nous voulions croire. Un moment plus tard, le téléphone sonna. C'était la femme de ménage, affolée. Arrivée chez elle, quand elle avait voulu ouvrir le sac, ce chat qui était la douceur même, et qu'elle nourrissait depuis deux ans, était devenu fou furieux, hurlant et griffant. Rien à faire pour l'approcher. Ma mère lui demanda donc de le ramener. Pacha sortit du sac, doux comme un agneau, et vint se frotter contre ma mère, se laissa caresser, y compris par la femme de ménage qu'il avait attaqué un instant plus tôt. À compter de ce jour, le chat gris reporta son affection sur ma mère et sur Cléo, et ne chercha plus à rejoindre la chambre où il avait passé deux années. Il vécut de longues années, et il fallut la fin de Cléo pour précipiter la sienne. Quand sa compagne mourut, nous nous aperçûmes très vite que Pacha était devenu sourd. De ce jour, lui qui aimait tant communiquer avec la famille et les visiteurs s'enferma progressivement dans son petit univers, et moins d'un an plus tard, il disparaissait à son tour. Depuis, quand j'entends parler du manque de fidélité des chats, de leur indifférence à la main qui les nourrit, et de leur nature intéressée, je me contente de sourire, car cette expérience m'a définitivement prouvé le contraire.

Allons bon !
Chez les chats aussi…

Ce que nous, les humains, appelons amour, existe d'une autre manière chez les chats. Celles et ceux qui connaissent bien les chats me comprendront.

EN PLACE POUR LA PHOTO !

Mon cher Toto,

Comme c'était bon de recevoir de tes nouvelles, et si inattendu ! Quand on est un chat d'il y a un siècle, on peut difficilement imaginer que, quelque part dans le futur (tiens, un terme que je ne comprends pas bien), un autre chat pense à vous. J'ai entendu ce mot de futur et aussi celui de passé grâce à mon maître à moi qui lit beaucoup de ces gros livres rouges à tranche dorée qu'il appelle des Jules Verne, et qui me répète sans cesse en me grattant la tête – ce que j'apprécie infiniment : « Pompon, ces bouquins sont la meilleure façon de voyager dans le futur et le passé. » Je le laisse juge en la matière, mais j'en déduis que ces ouvrages permettent de se promener dans les siècles, comme nous le faisons toi et moi à travers ce livre.

Pas étonnant que Toto la Terreur se soit reconnu en Pompon : ils se ressemblent comme deux gouttes d'eau !

Mais enfin, j'ignore l'importance de la lecture. Veux-tu me dire, mon bon Toto, à quoi tout cela rime ? Aller dans la Lune, plonger sous les océans… Quel besoin d'aller chercher si loin ce qu'on peut trouver chez soi ? Tu es d'accord avec moi, n'est-ce pas ? Une maison confortable, des pâtées convenables (à propos, qu'est-ce que cette histoire de boîtes qui se mangent ?), des maîtres câlins, un jardin pullulant de souris et d'oiseaux, voilà le rêve de tout chat normal. Je trouve tout cela à deux pas de la capitale, dans une allée tranquille de Neuilly-sur-Seine. Toi-même, tu m'as l'air de mener une vie survoltée. Alors, comme ça, tu te promènes avec ton écrivain en voiture à chevaux ? J'imagine que c'est ce que tu entends par voiture… Mais comment deux chevaux peuvent-ils t'entraîner à plus de cent kilomètres à l'heure ? Tu es sûr que tu ne te drogues pas trop souvent à l'herbe à chat, pour raconter de telles fables ? Et dis-moi un peu ce que sont ces vaccins ? Des talismans ? Et ce délire qui te saisit en parlant de déclaration de je ne sais quels droits de l'animal ? Ce sont des mots qui n'ont pas cours dans le milieu bourgeois où j'évolue. Tu ne serais pas un chat révolutionnaire, au moins ?

Je dois te l'avouer, mon cher Toto, je suis adepte d'une existence bien réglée. Mes humains le répètent sans cesse : nous vivons une belle époque. Je suis d'accord avec eux. La guerre contre la Prusse est déjà bien loin. La terrifiante Commune, où tant de nos semblables ont fini leur existence sous forme de ragoût, aussi. Ton XXIe siècle – dont j'ignore moi aussi à quelle distance il se trouve de notre maison – me semble bien… quel est ce mot que tu emploies dans ton message ?

Certains chats aiment prendre la pose, et il est évident que l'exercice ne leur a pas coûté !

Stressant ! Dieu des chats, quelle vie folle vous menez. C'est bien vrai, ce que tu me racontes ? Que ton maître promène sans cesse dans sa poche une petite boîte qui se met à sonner, et qu'il lui parle ? Et tu m'affirmes qu'une autre voix lui répond à l'intérieur ? C'est fou. Crois-tu qu'il s'adresse à des humains de 1900 par ce procédé bizarre, ou à des humains de son siècle ? Qui sait ! J'avoue que j'ai beaucoup ri en entendant parler de ce que tu nommes réfrigérateur. Dis-moi, on ne s'ennuie pas, chez toi ! Plus besoin de faire livrer des pains de glace… Alors comme ça, tu fais signe avec la patte en grattant sur la porte de ce meuble de cuisine, ton maître ouvre, y prend de la nourriture, et tu te mets à table ? C'est une vraie caverne d'Ali Baba. Le progrès est parfois une belle chose, mon cher Toto, et peut-être que je vais essayer de venir te rejoindre dans ton jardin normand. Qui sait ! Moi qui aime tant le mou et mon bol de lait, je pourrais adopter ces étranges sachets dont tu me parles, que l'on ouvre d'un coup, et d'où sort une pâtée toute prête. Mais comment font-ils donc entrer les bêtes vivantes là-dedans ? Je retourne la question dans ma tête, et mes moustaches frémissent. Et qu'est-ce que ce paquet que ton maître agite en disant « croquettes » et qui te fait accourir du fond du jardin ? Comprends pas ! Vous devez avoir d'étonnants magiciens, au XXIe siècle.

Raconter l'histoire du chat, n'est-ce pas aussi parler des hommes et de toute une époque ?

Cher Toto, je suis content et rassuré d'apprendre que tu es bien entouré, que tu partages ton existence entre Paris et la campagne. Que tu passes de longs moments avec ta sœur Minette et votre fille Mélusine, et que ton maître raconte tes aventures dans des livres. Bien qu'un peu étrange, d'après le portrait que tu m'en fais, il doit avoir un bon fonds. Car il a bien raison : on ne parle jamais assez des chats et de leurs exploits. Les humains ont consacré beaucoup trop de volumes à l'art et la manière dont ils ont conduit des guerres. Veux-tu me dire : est-ce digne d'être raconté ? Il me semble que nous, les animaux, sommes un sujet d'étude autrement plus sympathique et profitable à l'édification des foules. N'est-ce pas vrai ?

Allons bon : voici qu'on m'appelle pour une séance de pose devant le photographe. Malgré tes persiflages à ce sujet, crois-moi, c'est fort amusant de se tenir sagement devant ce monsieur sévère qui prépare ses plaques et lance un éclair qui fait briller le reflet vert de mes yeux. Et puis, avoue un peu, mon cher Toto : si ces cartes postales n'existaient pas, comment aurais-tu retrouvé ma trace, et comment aurions-nous pu nous lier d'amitié à travers un siècle ? Tu es d'accord ? Bien sûr !

Je tends moi aussi une patte amie vers toi, mon vieux Toto, en espérant pouvoir te saluer bientôt dans un siècle.

Ton ami,
Pompon

Ce numéro est-il improvisé ? Les chats sont capables d'imaginer mille et une sottises…

Table des matières

Tapis ancien (64 x 100 cm). Il est écrit en chinois : « Les petits chats jouent ».

BIBLIOGRAPHIE

ALPAR-ASHTON (Kathleen), *Mystères et sortilèges du chat*. Tchou, 1973.
BARAT (Maurice), *Les Chats et les Hommes*. Fasquelle, 1949.
BOBIS (Laurence), *Le Chat, histoires et légendes*. Fayard, 2000.
BRUCE (Erika), *Jouons avec les chats*. Albin Michel, 1986.
CHAMPFLEURY, *Les Chats*. J. Rothschild, 1869.
DOCQUOIS (Georges), *Bêtes et gens de lettres*. Flammarion, 1895.
GAUTIER (Théophile), *Ménagerie intime*. Paris, 1860.
GRILHÉ (Gillette), *Le Chat et l'Homme*. Office du Livre, Editions Vilo, 1974.
LA ROBRIE (Jean de), *Galerie des chats célèbres*. Hazan, 1972.
LAROCHE (Robert de), *Histoire secrète du chat*. Casterman, 1993.
LOIR (Dr et Mme Adrien), *Le Chat, son utilité*. J.B. Ballière et fils, 1930.
MÉRY (Dr Fernand), *Le Chat, sa vie, son histoire, sa magie*. Pont-Royal, 1966.
PARADIS DE MONCRIF (François-Augustin), *Histoire des chats*. Pardès, 1988.
RAABE (Juliette), *Bibliothèque illustrée du chat*. Editions de la Courtille, 1977.
REY (Alain) et CHANTREAU (Sophie), *Dictionnaire des expressions et locutions*. Le Robert, 1984.
SALVIATI (Stefano), *L'Univers du chat*. Solar, 1998.
SÉBILLOT (Paul), *Le folklore de France, la Faune*. Imago, 1984.
SUZZONI (François), *Dictionnaire des proverbes et dictons*. Le Robert, 1984.

Bronze de Vienne (1,8 cm, fabriqué par l'atelier Bermann).

Éditeur : Henri Bancaud
Conception graphique : Laurence Morvan,
studio graphique des Éditions Ouest-France
Mise en page : Corinne Chapalain,
studio graphique des Éditions Ouest-France
Photogravure : Scann' Ouest, Rennes (35)
Impression : Imprimerie Mame, à Tours (37)

Édilarge SA, Rennes
I.S.B.N. : 2.7373.3092.0
N° d'éditeur : 4433.01.13.10.02
Dépôt légal : octobre 2002